「論語」と「西洋哲学」

――「敬意」と「支配」の身体論――

藤本一司 著

北樹出版

まえがき

「老人には、安心されるように、友には、信じてもらえるように、年少者には、慕われるように」（公冶長第五、二十六）

＊身体の時間軸に沿った世界へ

この文は、孔子が弟子から「先生のお志を聞かせて下さい」と問われて、答えたものです。ここで孔子は、自分が向き合う相手を、「老人」や「友」や「年少者」に、わざわざ世代を分けて述べています。このことは、孔子がたまたま世代にこだわっていたということではありません。そうではないのです。なぜなら、このことは、『論語』の根本的な思想から導き出されてきたことだからです。孔子は、死すべき人たちから始めて、同時代をともに生きる人たちを経て、最後に未来の子どもたちへ向けて、停滞せずに語っているからです。すなわち、「身体」の時間軸に沿って語っているからです。無時間モデルの抽象的な世界ではなくて、「身体」の時間軸に沿った具体的な世界を住み家にして、「仁者」が生きる姿を力強く描いているからです。

孔子の志を、もしも身体の時間軸を無視して言えば、「人には親切にする」ということになるかもしれません。無時間的な「人」という言葉の後に、抽象的な「親切」という言葉が接続します。そして、それを根拠づけるのが「平等性」ということになるでしょう。

これに対して孔子は、抽象的（普遍的）な「人」という言葉を使わず、「老人」という言葉をもってきます。「老人」という言葉には、顔の皺や白髪の姿が、「友」には、生気が溢れつつも悩みに射抜かれたまなざしが、また「年少者」には、お茶目な表情や溌剌《はつらつ》とした動きが、思い浮かぶかもしれません。

先ほどの抽象性と反対に、この具体性が刻まれるのは、言葉の一人歩きをさせない「身体」の時間軸に基づいているからです。一律の平等性ということよりも、「身体」に基づくそれぞれの世代の人々への「敬意」というものが先行しているからです。

＊イデアは身体を否定する

そして、興味深いことですが、プラトンに始まる西洋哲学の伝統は「身体」の否定です。プラトンは、飽きることなく「身体」蔑視を繰り返し述べています。西洋哲学の伝統である高邁な「イデア論」は「身体」蔑視と、きれいに対をなしているものです。というのも、「イデア」は、永遠不変（無時間的）で、「身体」から無縁であることがその条件だからです（第二章の第一節で説明します）。

しかし、孔子が言う「仁」は、プラトンの「イデア」とは正反対に、「身体」の時間軸に基づく思想です。孔子は、「身体」の出生から死（喪）に至るすべてを肯定します。『論語』における「孝」や「礼楽」というものは、「身体」のそうした時間軸に基づいた学びそのものです。そして、「身体」を肯定するその学びから明らかになることは、次のことです。すなわち、「仁」とは、抽象的な空間を越え出て、過去と未来を現在において架橋する生き生きとした生命感情であるということ、換言すれば、孔子が「仁」において見すえていることは、「支配」ではなく、「敬意」に基づく関係性の構築であるということです。

本書では、「身体」を否定する西洋哲学の伝統と対比しながら、逆に「身体」を肯定する『論語』の思想を際立たせたいと思います。

目次

第三節　「先行者への敬意」が起点になる……51

序章

「身体」と「先行者への敬意」

はじめに

＊裸形の身体に寄り添う

「身体」の時間軸から離れるとき、つまり、「私」を孤立した起点とするとき、人は「不安」になるのです。「私」を支える先行者がいないというとき、未来への予測不可能性はそのまま「不安」に襲われることになるでしょう。先行者に迎えいれてもらうという過去なしに生きることができない「身体」に照準を合わせること。とりわけ、最も弱き存在である、生まれたての赤ちゃんやお年寄りの「身体」を基準に定めること。出生し、老いて死すべき存在であることを教えてくれる、そういう「身体」に寄り添うこと。

もしも、そういう裸形の「身体」に寄り添う思想があるとすれば、他者と私の関係性は、支配や争いに向かうはずがありません。支配や争いというものは、孤立した「私」を起点とする「不安」から始まるものです。しかし、「身体」はそもそも「私」を起点にすることなど決してできないものです。「身体」は先行者の支えを必要とする弱き存在だからです。「身体」には先行者という他者が支えとしてすでに宿っていると言えます。そういう「身体」が支配や争いを肯定するはずがないのです。

そもそも支配とは、「身体」の時間軸を無化することによる「不安」から生まれるのです。「身体」への敬意を見失うことが、支配の世界を成立させるのです。

＊支配ではなく敬意へ

『論語』は、「身体」とその死に向き合うことから始まって、未来へ引き継ぐところまでを射程に入れた思想です。もしも、最も弱い存在である「身体」を基準にするならば、それは支配ではなく、「敬意」に基づく関係性に向かうはずです。「敬意」こそ、支配とは真逆のベクトルのうちに息づくものです。「身体」への「敬意」を、しかもその時間軸に基づいて学ぶなら、逆に「敬意」が「身体」の引き継ぎを可能にすることまでを見届けることができます。

第一節　「孝悌」は「先行者」を照準する

「君子は、根本のことに努力する。根本が定まってはじめて道もはっきりする。孝悌ということこそ、仁の根本であろう」（学而第一、二）。

＊欧米では姓が後になる理由

欧米の言語では、兄と弟、姉と妹を区別する言葉がそもそも存在しません。どちらが先に誕生したかという時間の先後関係は、不平等をもたらすと考えているからでしょう。その理由は、欧米では、「意識（精神）」の存在ということが、「身体」の時間軸よりも重要だからであると思われます。そこから、無時間モデルの思想、あるいは空間の思想というものを読み取ることができます。西洋哲学におけるプラトンのイデア論は、まさに無時間モデルです。そこでは「身体」が老いていくことも、憎むべきことになります。欧米でアンチ・エイジング（加齢に抵抗すること）が盛んなことも頷《うなず》けます。

姓名を言うときも、ご存知のように欧米では、最初に個人の名（ファースト・ネーム）が来て、その後に姓（ファミリー・ネーム）が来ます。たとえば、太郎・山田となります。突然、何の脈絡もなく、「私」が存在を主張するのです。祖先（過去からのつながり）を飛び越して、それぞれの「私の意識」が起点になります。

日付を言うときにも、これと同じことが言えると思います。欧米では、「日、月、年」の順序です。つまり、「私」が存在する現在の「日」が、最初に来るということです。たとえば、四日・八月・二〇一六年となります。これは、姓名の言い方と同様に、現在の「私の意識」が起点になる言い方であるように思います。

これらは、「身体」の時間軸を飛び越しているということです。それぞれの「私の意識」が起点であることを譲りたくないのです。だから欧米では、兄弟姉妹を区別しないし、ファースト・ネーム（名）から言うし、日付も私のいる現在から書き始めることが、定形になっているのではないでしょうか。

＊儒教圏では姓が先になる理由

『論語』（儒教）の影響下では、いまここの「私」の名が最初に来ることはありません。「身体」として生まれてきた以上、自分が起源になることはありえません。「身体」を肯定するならば、祖先の名としての姓が先に来なければならないからです。「身体」は自分で自分を生んだわけではなく、他者（親）から生まれてきたものだからです。そして、その親もまた、自分で自分を生んだわけではなく、他者（親）から生まれてきたわけです。そのように連綿としてどこまでも遡行していかざるをえません。「身体」である限り、誰一人として、自分が起点であることはできないということです。ですから、祖先の名の後に、はじめて「私」の名が連なることになるというわけです。たとえば山田・太郎のように、姓（過去からのつながり）が先で、「私」（名）がその後になります。

日付の言い方も、そうです。まず過去の時間の積み重ねである「年」が最初に来ます。過去を引き継いでいることを確認してから、いまここの「私」に至るということになります。ですから、現在の「私」がいる「日」は、最後に来るのです。「年、月、日」の順序には、こういう意味があると考えます。

＊意識は遅れて存在することを嫌う

最初に述べたように、欧米では「意識」の存在ということが「身体」の時間軸より重要なのです。したがって、それぞれの「私」が時間の起点として自分を主張することを譲りたくないのでしょう。欧米の「私」は、世界に遅れてやってきたことを不利な位置であると解釈しているのではないでしょうか。世界に遅れてやってきたことを認めてしまえば、「私」は自分を主張できないのではないかと。しかも、たんに遅れただけではなく、先行する者にお世話になってしまったとすれば、なおさらです。つまり、時間的な遅れを認めてしまうことは、欧米の思考にとって致命的なことだと思われているのでしょう。

したがって、「私」を主張するためには、その「遅れ」をなんとしても無視する必要があるというわけです。それぞれの「私」が時間の出発点であることを断じて譲ることはできないと。ですから、各自が名を姓よりも先に述べるのは、そのたびに（太郎・山田と告げるたびに）、自分は遅れていないぞと主張しているということなのではないでしょうか。

＊私が起点になると不安になる

しかし、『論語』の核心から言えば、これは極めて危ういのです。なぜなら、「私」が時間の起点になるとき、「不安」を引き起こすからです。というのも、「私」が時間の起点になるということは、「私」が「私」を生んで、「私」が「私」を支えるということになるはずだからです。しかし、それは、弱き存在者であるという「身体」の限界を超えています。限界を超えているとき、無意識の「不安」の中にいるはずです。

そして、その「不安」は「支配」を引き寄せるでしょう。「不安」な人は、他者のことを思いやる余裕などありません。逆に、自分の「不安」を他者にわかってもらいたくて必死になります。無理にでも他者を思い通りにして「不安」から逃れようとします。他者のことを思いやるのではなく、逆に、他者を自分の「不安」をなくすために利用するでしょう。これを「支配」と呼びたいと思います。そして、各自が「不安」であるなら、この「支配」は、「争い」を招くことになります。「不安」があるなら、支配と争いはなくなりません。でも、逆に、もしも安心しているなら、攻撃したいとか、争いを起こしたいと思うでしょうか。

＊キルケゴールの不安

キルケゴールの主著に、『不安の概念』があります。根底にあるのは、「私」は「措定されたもの」であるということです。この点について、『論語』も同じです。しかし、根底にあるのが同じでありながら、キルケゴールは「不安」に捕らえられ、孔子は「不安」に陥ることはありません。「仁者は憂えず」（子罕第九、三十、憲問第十四、三十）です。この決定的な違いは、いったいどこから来るのでしょうか。

キルケゴールによれば、「不安」というものを「つくりだす」のは「無」である（p.68）と述べています。しかし、なぜ「無」なのでしょうか。『論語』との関わりから言えば、キルケゴールは「世代関係」をたんなる「量的な規定」としてみなし軽視しているからだと思われます（p.54f）。「世代関係」は、「身体」なしに理解不可能です。しかし、キルケゴールによれば、「精神」が「質的な飛躍」として、「身体」なしに、何の脈絡もなく突発的に現れます。先行者（親）が不在なのです。「身体」を経由する回路が全くないとき、「無」に取り囲まれてしまいます。「不安」にならない方がおかしいです。「新しい質は、飛躍とともに、謎めいたものの突発性とともに、出現する」というのが、キルケゴールの思考のスタンスです（第二章の第一節、ハイデガーの「不安」参照のこと）。

ここでキルケゴールの「不安」を取り上げたのは、「不安」というものはたんに近代的自我に固有の問題ではなく、そもそも西洋哲学の伝統の始原に位置するものであって、「身体」蔑視と「不安」は、西洋哲学史を貫通する主題ではないかと思うからです。キルケゴールは「不安を正しく抱くことを学んだ者は、最高のことを学んだのである」（p.278）と述べ、西洋史を貫通するキリスト教の神による個人の救済を主題にしています。

＊平等性は争いの調停のため

欧米思想の根本には、「私の意識」を時間の起点にした「平等性」があるように思います。「身体」への敬意を見失って、それぞれの「私」が時間の起点として自分を主張するとき、「不安」が生じ、「支配」から「争い」を招きます。そして、そういう世界では、争いの調停のために「平等性」がもっとも優先されるべきことになるはずだからです。その意味で、「不安」と「平等性」は、パラレルです。

「私の意識」を時間の起点にすることが有利な位置であるというのは、「意識」に固有の、誤った思い込みではないでしょうか。なぜなら、繰り返し述べてきたように、それは「不安」の源となり、さらにそこから「支配」そして「争い」を引き起こすからです。

自分が世界に遅れてやって来たということは不利な位置なのでしょうか。そうではないというのが、『論語』の思想です。

＊ 身体は先行者を肯定する

『論語』の中心にあるのは、何と言っても「仁」です。『論語』の冒頭の直後で、この「仁」の「根本」はどこにあるかがはっきりと宣言されています。「孝悌」であると。「君子は、根本のことに努力する。根本が定まってはじめて道もはっきりする。孝悌ということこそ、仁の根本であろう」(学而第一、二)。『論語』の核心である「仁」は、「孝悌」こそが「仁」の「根本」であるというのです。そして、ここにおいてこそ「君子」が歩むべき「道」がはっきりすると宣言しています。このような決定的な箇所は、『論語』のなかでほかに見当たりません。このことは、どれほど強調しても強調しすぎることはありません。「仁」の「根本」は、「孝悌」です。「孝」とは父母への敬意、「悌」とは年長者への敬意のことです。この「孝悌」から学ぶべきことを二つに分けてみていきたいと思います。まず一つは、「私」は時間の起点ではないということです。「私」は遅れてやってきたということ。つまり、「私」には、先行者がいるということです（二つ目は次節で）。「私」が起点になるということはありえないのです。当たり前ですが、「身体」としての「私」が父母や年長者よりも先に存在することは不可能だからです。このことをしっかりと見定める必要があります。なぜなら、「孝悌」のうちに、「仁」の「根本」があるからです。

＊　西洋哲学に孝悌という思想は存在しない

「孝悌」という思想は、西洋哲学の伝統には存在しません。しかし、孔子は、「私」に先行者がいることを肯定するのです。「身体」を肯定すれば、そうならざるをえません。もちろん、プラトンのように、「身体」を蔑視するならば、「孝悌」という思想の余地は微塵もないでしょう。ですから、この点のうちにこそ、『論語』と西洋哲学の伝統との根本的な分岐点があるはずです。逆に言えば、もしもこの「孝悌」という思想を素通りするならば、両者の違いは跡形もなく失われてしまうでしょう。

「仁」が西洋思想の平等性とは異なる出自をもつということ、もっと言えば「支配」と異なる道行きであることの鍵は、「身体」への敬意があるかどうかにかかっているはずです。それは、先行者を肯定するのか、それとも「私」が時間の起点であることを主張するのか、ということです。換言すれば、「私」を支えてくれる先行者がいるのか、先行者を否定して「私」は「私」を支えるのか、ということです。「孝悌」の意味を見定めること。「身体」の時間軸をどんなことがあっても手放さないこと。それが「支配」とは異なる「仁」の道であると考えます。

＊ 不安が虐待に向かわせる

しかし、「孝悌」の思想には問題があると、反論もあるでしょう。先行者が愚かであるなら、かえって先行者などいない方がいいからです。こんな先行者ならいない方がいいという例は、この世界ではいくらでも列挙できます。そもそも人類の歴史を振り返れば、多大な犠牲をはらいながら、愚かな先行者から自由を少しずつもぎとってきたわけですから。

しかし、まずは身近に思いつく子どもを虐待する親について考えてみましょう。児童虐待では、最悪の場合、親が子どもを殺してしまうわけです。当たり前ですが、こんな先行者からは子どもを守らなければなりません。あるいは「あなたのことを思って」と言いながら、実際は「自分のために」子どもを思い通りに育てようとする親がいます。たとえ暴力をふるわなくても、そういう先行者は明らかに子どもを服従させ傷つけるわけですから、先行者がいることは恵まれているどころか、逆に子どもに心身ともに深刻な傷を負わせることになります。あるいは、「親に敬意をはらえ」と命じる先行者も、同様に愚かな親です。いずれにしても、そういう親は、子どもに贈与するどころか、逆に子どもに服従を強制する愚かな親です。この世界に遅れて存在するという「身体」は、そういうリスクにさらされています。

＊ 先行者の不在という負の連鎖

しかし、考えてみなければならないことがあります。子どもを虐待したり、子どもを服従させようとする親は、そもそもなぜそんな愚かなことをするのかということです。その答えは、おそらく、親自身が「不安」だからです。親自身が孤立していて「私」を起点にしているからです。親自身が自分で自分を支えなければならない「不安」な親であるということが考えられます。子どもを思い通りに育てようとする親は、子どもを支配する愚かな親です。

しかし、そのような支配者になってしまうのは、親自身がおそらく「不安」だからです。誰からも支えてもらえない親は追い詰められているわけですから、弱い子どもを思い通りに支配して、「不安」から逃れようとするでしょう。ですから、子どもを親の支配から守るためには、「不安」な親にまで照準を合わせなければなりません。したがって、問題の解決のためには、親（先行者）の「不安」というところにまで遡行する必要があります。

そして、親の「不安」を生み出す根源は、さらにその親の親が不安であるかどうかも関係してくるでしょう。そう考えると「不安」という負の連鎖がありうるというところまで進みます。しかし、そこまで進むと、問題は元に戻って来ることになります。すなわち、支えてくれる先行者がいるか、いないか。追い詰められ孤立した「私」が起点であるのか、ということです。そして、そこに照準を合わせたのが「孝」だと考えます。

＊ 先行者の存在が私の不安を救う

もちろん、いま述べた負の連鎖が必然的だということではありません。すなわち、親子の連鎖だけですべてが決定されることはないからです。たとえば、たとえ親が「不安」を抱えていても、その親を支える誰かが身近にいれば、あるいは本でもラジオやテレビ、インターネットなどのメディアでも、支えとなるものに出会えれば、それだけでその親の「不安」が少なくなる可能性があります。そうなれば、子どもの話に耳を傾ける余裕も出て来るかもしれません。つまり、子どもを支配しなくてよいかもしれないということです。負の連鎖は、そこで切断できる可能性があります。

ですから、肝心なことは、「不安」な人を支える人がいればいいということです。社会が不安な親を支える仕組みをもてばいいということにもなります。その限り、別に家族や血縁関係に限定する必要は全然ないのです。実際、「仁者」は、血縁者だけを支える人のことではありません。核心は、「身体」に照準を合わせるなら、「私」が「私」を支えることはできないということ、したがって「私」が「私の不安」を取り除くことはできないということです。「不安」は自分一人では決して解決できないということ。これは、どれほど強調しても強調しすぎることはありません。孔子にしても、キルケゴールにしても、思想のすべてがここにかかっているといっても過言ではありません。「私」が自分だけで「私」であろうとするとき「不安」になるのです。他者なしに「私」であろうとすることが、「不安」ということの定義です。もっと言えば、そういう理由で「不安」になる存在者のことを、人間という。そういうことです。そして、その「不安」から支配と争いの世界が現れるのです。

＊ニーチェの身体には他者が不在

ニーチェは、西洋哲学の中では極めて異端で、プラトンと対決し、「身体」を根本にしています。『ツァラトゥストラ』で、「わたしはまったく身体であって、それ以外の何ものでもない。身体とは一つの大いなる理性である」（p.61）と高らかに宣言し「超人」（p.25）を提示します。『生成の無垢』では、「身体」が生きることができるのは、「明らかに意識によって起こるのではない」（下 p.192）と言います。しかし、ニーチェは「身体」を根本にしながら、発狂してしまいます。なぜなら、ニーチェが、西洋の究極的な他者である「神」なしに「不安」を克服しようとしたからです。『悦ばしき知識』で「おれたちが神を殺したのだ」と、「狂気の人間」が叫ぶのです（p.219）。ニーチェは、なるほど「不安」を主題にしませんでしたが、ニーチェが向き合った「ルサンチマン」や「ニヒリズム」は、「不安」の発現形態でしょう。ニーチェの提示した「超人」は、まさに先行者（創造者）としての「他者なし」で「私」であろうとすることです。不可能な企てだと言えます。

それに対して、孔子は、「身体」の時間軸を肯定して、人を「不安」にさせないための「他者」の「原型」を、時間的な先行者（親・年長者）として明らかにしたのだ、というのが本書の核心の前半部分です。「孝」とは、「私」を「不安」にさせない始原に帰向させる学びであると考えます。

＊先行者とは他者の原型

キルケゴールは『死にいたる病』で、「自己は、自分で自己自身を措定したのであるか、それとも或る他者によって措定されたのであるか、そのいずれかでなければならない」(p.28)と言います。そして、人間は、後者の方で、「或る他者によって措定された」のである以上、「自分自身の力」で「自分自身であろう」とすることは「ますます深い絶望のなかへもぐり込むばかりである」(p.29)というのです。本書の主張も、この点では全く一致しています。しかし、この「或る他者」とは、キルケゴールにとっては「神」なのですが、本書は、「身体」を肯定する孔子という観点から、先行者の存在へ照準を合わせています。もしもここで、孔子なら、語弊はありますが、「神」を、父母(父母の系譜)と読み替えることに、反対はしないのではないでしょうか。「不安」にならないように、「絶望」させないように、支えることができる「或る他者」を先行者(父母)と呼びたいと思います。

しかし、一気に先走りすぎましたので、少し話を戻しましょう。まずは「身体」に照準を合わせて考えてみると、『論語』の核心として、「孝悌」こそ「仁の根本」だといえるのです。

つまり時間の先行者を肯定するということです。「仁」へ離陸するための「孝」ということが、本書の通奏低音です。『論語』を西洋哲学と対比することにより、「支配」や「争い」をもたらす「不安」をつくらないための「孝」が際立ってくるのです。

第二節　「孝」は「敬意」に基づく

「近頃の孝というのは養うことをさしているが、犬や馬でさえ養うということはする。敬意をはらうのでなければ、どこに区別があろう」（為政第二、七）

＊　孝の核心は敬意

まえがきで、孔子の志は「身体」の時間軸に基づいていることを取り上げました。孔子は、欧米とは異なる世界を描いているのです。さらに、前節では、「孝悌」の意味を、「私」には先行者がいるのだということ、「私」は時間の起点ではないということ、ここに重点をおきました。「身体」を肯定するならば、そのような時間的な先行者を無視することはできないからです。

この節ではさらに、「孝悌」の二つ目の意味を取り上げます。それは、「敬意」こそが「孝」を際立たせるということです。「身体」の時間軸から考えると、先行者の存在とその先行者への「敬意」は、切り離せない必然的な帰結であると考えます。

すでに述べたように、そもそも「孝悌」の「孝」とは、父母への敬意、「悌」とは年長者への敬意のことでした。そして、この先行者への「敬意」こそ、「孝」という「学び」の不可欠の内実だと考えます。先行者への「敬意」に基づく「遅れ」の自覚こそ、「学び」を起動させる力になるということです。ここにこそ『論語』における「孝」の核心があるはずです。孔子は、この「敬意」が生まれる道筋を「孝」においてみていると考えます。

「身体」において、「先行者」と「敬意」は、密接な関係があるはずです。言いたいことは、次のことです。「敬意」が向けられる対象があるとすれば、まずは時間的な先行者であるだろうということです。他者への敬意をもっとも生き生きと学ぶことができるのは、まずは先行者であるはずです。なぜでしょうか。

＊ 敬意は時間の先行者へ向かう

「私」がつくったものに対して、あるいは「私」の所有物に対して、「敬意」をもつことは難しいでしょう。というのも、「私」がつくったものや単なる所有物は、「私」がそれをつくったのなら、それが何かを「知っている」し、所有物ならそれを自由に処分してもいいからです。ですから、「敬意」をはらうものがあるとすれば、「私」がつくったものではないもの、「私」が知らないもの、「私」が自由に処分することが許されないもの、「私」が支配できないもの、そういうものであるはずです。そうだとすれば、それは「私」の存在に先行しているもの、「私」に先立ってすでに存在してしまっているものです。なぜなら、「私」の先行者であれば、「私」がつくることは全く不可能だし、それを「知っている」はずもないからです。

しかも、その中でも「敬意」をはらうべきものがあるとすれば、そもそも「私」の存在を可能にしてくれたものでしょう。それを学ぶことが、「敬意」を学ぶことになるでしょう。「敬意」とは、根本においては、そこから「私」が生まれてきたもの、「私」を支えてきてくれたもの、ではないでしょうか。「敬意」の始原にあるのは、「私の身体」を息づかせたもの、しかも遅れて来たがゆえに「私」がその先行者の来歴を「知らない」、そういう先行者であると思われます。

＊敬意は「考える」に先立つ

「私の身体」を、「私の意識」が生むことはできません。「私の身体」は、親（先行者）が生んでくれたものです。必ず先行者が存在します。その際、もちろん「私」（子）を支える先行者（親）は、子との平等性など主張しません。そんなことをしていたら、「私」（子）を支えることなどできません。一方的に親は子を支えます。その先行者は「私の意識」が息づいている「私の身体」の根拠です。そういう根拠であるとすれば、そういう先行者は、「私」にとって「考える」対象というよりも、「敬意」の対象となるはずです。なぜなら、「私が考える」ためには、「私の身体」がすでに誕生していなければなりませんが、先行者とはそもそも「私が考える」前に、「私が考える」こと自体を可能にしてくれた一方的な愛の贈与者としての存在者だからです。そういう存在者であるとすれば、私が「支配」すべき対象になるはずがありません。「敬意」の対象として迫ってくるはずです（一方的な「愛」の贈与者としての先行者については、第一章。「敬意」と「愛」の関係については、第二章第三節）。

もちろん、しかし、それにもかかわらず、「敬意」というものを見失ってしまうなら、先行者が存在しても、ただの邪魔者になるでしょう。それが、「私」を起点にするということですが、「敬意」を見失うことのすさまじい自惚れを逆照射してくれます。もしも「私」を生んだ存在者を「私」が支配するということがあるとすれば、不気味なことです。

＊ 孝は服従ではない

「孝」は、「支配」（「服従させる」）を正当化するイデオロギーとして、手垢のつくほど安易に利用されてきました。しかし、断じて違います。「孝」は、たんに「服従」と解釈されることがありますが、そうではないのです。「敬意」と「服従」は、真逆です。そのことを明確にしたいと思います。

もしも「敬え」と命令され、それに従って「敬った」とします。これは、「敬意」なのでしょうか、それとも「服従」なのでしょうか。迷うことはありません。「服従」です。「敬え」と命じられて服従することほど、「敬意」から離れることはありません。先述したばかりですが、先行者が一方的な贈与者であることが、原型としての「敬意」を生み出すのです。「敬え」と命令する支配者は、略奪者です。贈与者ではありません。略奪者に従うのは、ただの服従です。

もしも「敬え」と命じるならば、そういう先行者は、贈与者ではなくて、略奪者であるということ。孔子は、そのような略奪者（支配者）に対しては、服従するのではなくて、忠告してやるべきであるという立場です。よく引用されることですが、孔子は、たとえ親であっても言うべきときには忠告せよと述べています。「父母に仕えては、おだやかに諫《いさ》め、その心が従いそうにないとわかれば、敬意をはらってさからわず、苦労するが怨みには思わないことだ」（里仁第四、十八）。「諫める」とは、目上の人に欠点を指摘して改めるように進言することです。服従をすることが「孝」ではないのです。

＊諫《いさ》めるとは「敬意」を失わないこと

しかし、単純ではありません。孔子は、その際、たとえ親が改めてくれなかったとしても、「敬意」だけは失わないようにと、述べているからです。ここに「敬意」の真骨頂があるでしょう。「敬意」というものは、「私」自身が他者に命じるような支配者に決してならないための鍵だからです。他者への敬意を手放すときに、「私」は支配者に移行するのです。

愚かな親とは、子どもへの一方的な贈与者ではなく、逆に子どもから奪おうとする支配者のことです。こういう親は、子どものことはすべて「知っている」として、思い通りにしようとする親です。それは、まさに、子どもへの「敬意」がない親のことです。そういう親に対しては、「諫める」ことが必要です。親に服従すべきではないのです。しかし、「諫める」

としても、「私」が根本において心がけることはまさに「敬意」を失わないということです。なぜなら、もしも「私」が「敬意」を失えば、愚かな親と同じになってしまい、「諫める」資格がないことになってしまうからです。「敬意」を失うことは、「私」が愚かな親と同じ支配者になってしまうことです。「敬意」を失わない限り、「私」は支配者にならずにいることができます。同時に、たんに服従することからも解放されることになります。「諫める」ことができるのですから。そして、それができるのは、「敬意」を手放さないからです。

もちろん、これは幼い子どもができることではありません。子どもは一方的に親から迎えいれてもらうべき存在だからです。ここで親を諫める子どもというのは、成人して「孝」の時期に至った子どものことです。

＊ 敬意が負の連鎖を断ち切る

では、なぜ人は敬意を失ってしまうのでしょう。愚かな親を例に考えてみます。

愚かな親とは、子どもへの「敬意」がない親のことです。なぜ彼らは子どもに「敬意」をはらえないのでしょうか。同じ問いに戻ってきます。それは、親に余裕がなく「不安」だからです。そして、その「不安」には来歴があります。親がどのような来歴を与えられて育ってきたのか、遅れてやってきた子である「私」は「知りません」。もしも親に対して頭ごなしに改めよと、攻撃的に「私」が命令したら、どうなるでしょうか。おそらく、それが親に届くことはないでしょう。なぜなら、「私」の攻撃性そのものが、実はきれいに、親の「不安」によって引き起こされているということ、つまり、親の「不安」の引き継ぎによるものなのに、そのことに気づいていないからです。

「不安」に操られている人の言葉が相手に届くはずがありません。愚かな親の位置を、子である「私」が占めることになっただけですから。そうならないためには、「敬意」によって親から距離をとり、支配者にならないようにする必要があります。つまり「不安」に操られている自分に気づく必要があります。そのことは、さらに、今度もしも「私」が親になることがあったなら自分の子に対して支配者にならないようにするためにも必要なことです。「敬意」こそが、「不安」の引き継ぎ、攻撃性の引き継ぎをまさに切断することができるでしょう。「敬意」こそが、「不安」に操られている自分自身に気づく鍵だということです（しかし、「敬意」をはらうことができるようになるためには、「私」が他の誰かから「敬意」をはらってもらわなければなりませんが、それについてはこの後すぐ述べます）。愚かな負の連鎖を切断しなければなりません。それを誰が引き受けるのか。もしも「私」が引き受けるとすれば、そのときの鍵となるのかが「敬意」です。親から「敬意」をはらってもらえなかった場合、子どもの「私」は被害者なのですが、「敬意」を見失わないことによって、「私」という被害者が成長して今度は加害者になっていくという負の連鎖を切断するのです。

孔子は、「怨み」についても付言していました。「怨み」は愚かな親に「苦労」するほど、「私」の攻撃性の核の一つになるでしょう。「怨みに思わないことだ」は、「敬意」によって負の連鎖から離れることだけではなくて、さらに念を押して「怨み」に操られないようにしなければならないことを述べたものです。

＊いつも他者への敬意を失わないこと

また一方で親を「諫める」べき場合もあることを孔子は認めています。「孝」は服従ではないのです。その際、「敬意」こそが、服従から、もっと言えば、支配の連鎖から「私」を遠ざける鍵です。孔子は、「仁を行うに当たっては、師にも譲らない」（衛霊公第十五、三十六）というだけでなく、次のことも述べています。「君子のそばにいて三種の過ちがある。まだ言うべきときでないのに言うのは、がさつといい、言うべきなのに言わないのは隠すといい、顔つきを見ないで話すのは盲という」（季氏第十六、六）。孔子によれば、「師」に対しても遠慮すべきではないし、「君子」に対しても、「言うべき」ときには「隠さず」に言うべきだというのです。

これらのことから明らかなように、「孝悌」とは、親や師や君子に対しての絶対的服従では決してないのです。なるほど、いまが「言うべきとき」かどうなのか、時機を見極めることは確かに必要です。しかし、「言うべき」ときになったら、相手が親であろうと、師であろうと、君子であろうと、言うべきなのです。そう孔子は主張しています。そして、鍵は「敬意」を失わないということです。なぜなら、「敬意」を失うなら、「言うべき」ことが、相手に伝わらないからです。命令するだけなら、肝心の「敬意」は消え去ってしまいます。というよりも、相手への「敬意」を見失っているとき、「私」は相手と同じ支配者になってしまい、それはつまり、支配者同士がただ奪い合っているだけであり、第三者から見るなら、見苦しい争いそのものなのです。

そして、先取りになりますが、もしも「私」が「敬意」をはらうことができるとすれば、「私」がすでに他者から「敬意」をはらってもらい、「不安」から脱しているからです。もしも攻撃的な人がいたら、つまり、他者に「敬意」をはらうことができない、「不安」な人がいたら、そういう人に対して、「敬意」をはらって、「不安」を取り除いてあげればいいのです。それができれば、負の連鎖を断ち切ることができます。すでに「敬意」をはらってもらったことのある人が、その「不安」な人に対して、本来なら親が為すべきことであるそれを引き受ければいいのです。そして、これを引き受けることができる人を「仁者」とよぶのです（もしも、被害者である子どもが、困難を乗り越えて、親に敬意をはらうことができるようになったとすれば、親以外の人から敬意をはらってもらったことによるはずです）。

＊ 礼の本質は敬意

さらに、「礼」についても、孔子は同じように注意を促しています。たんに「礼」に従っていれば、それでいいということではないのです。親に服従することが「孝」ではないのと同じように、社会的な儀礼に服従することが「礼」ではないのです。「人の上に立ちながら寛容でなく、礼を行いながら敬意がなく、喪に臨みながら哀しまないというのでは、観るべきところがない」（八佾第三、二十六）。表面上の行動がどうであるかだけではなくて、その行動の、目に見えないところまで遡行すべきだと言っているのです。社会的儀礼を行うときでも、「敬意」がなければ、やはりだめだと言うのです。「礼」の本質に「敬意」があるということは、繰り返し銘記すべきことです。

「礼」を「敬意」と読み替えると、明確にその意味がわかる箇所が『論語』に幾つもあります。たとえば「恭《うやうや》しくしても礼によらなければ骨が折れる。慎重にしても礼によらなければ、いじける。勇ましくても礼によらなければ、乱暴になる。真っ直ぐであっても礼によらなければ、窮屈になる」（泰伯第八、三）。一見わかりにくいですが、「礼」を「敬意」に置き換えてみると、意味が通じます。こうです。表面上「恭しく」しても、「敬意」がなければ無駄な苦労をしているようなものだ。いくら「慎重に」しても、「敬意」がなければただの心配性にすぎない。たとえ「勇ましく」ても、「敬意」がなければ愚かな乱暴者にすぎない。「真っ直ぐ」であっても、「敬意」がなければ杓子定規の人形のように見える（礼と敬意の関係については、第三章で）。ここでの礼を、たんなる社会的儀礼とするなら、ますます「いじけ」「窮屈」になるように思います。

＊敬意は目に見えない

「孝」や「礼」が前面に出てきているとき、それをしっかり実行している、それに服従しているという、目に見える行為に焦点が集まりやすいですが、しかし、それだと肝心なことが抜け落ちてしまいます。その行為を蔭で支えている、目に見えないものへ注目する必要があります。それこそが肝心なことです。抜け落ちてしまいやすいこと、それが「敬意」です。そのことを孔子はそのつど見落とさないように書き記しているのです。

孔子は、「支配」「服従」とは異なる世界を見定めているのです。「支配」「服従」から離れること。それに一度取り込まれてしまうと、世代を通じて、「支配」「服従」の連鎖が生起してしまいます。その負の連鎖に巻き込まれてしまわないためにはどうしたらよいか。孔子の考えた切り札が「敬意」です。「敬意」こそが「支配」「服従」から「私」を引きはがすことができる道であると。孔子が見定めているのは、「敬意」に基づく関係性であると考えます。そのことを、「孝」を通じて「仁」に至る道筋から明らかにしようとするわけです。「孝」を理解するための不可欠の条件は、他者への「敬意」ということ、そして「敬意」の対象とは、「孝」において明らかなように、まず時間的な先行者であるということ。これが、孔子の確信だと考えます。決して「支配」できない他者に出会う学びを「孝」といい、「支配」できない他者への向き合うあり方を「敬意」とよびます。その他者の原型が、先行者です。この他者は、「私」に先行しているがゆえに、「私」はその来歴を「知りません」。「知らない」がゆえに、支配できないのです。

＊平等性を起点にすると出口がない

以上をふまえたうえで、欧米の「私」を起点とする思想と『論語』における先行者への「敬意」の思想とを比較してみたいと思います。

まず鍵になることは、すでに述べてきたことですが、各人が自分を遅れなしの起点にすると、先行者（過去）なしの無根拠の私となってしまい、「不安」に陥るということです。そして、この「不安」は「支配」を招きよせ、争いを引き起こすことになるのです。欧米の「平等性」は、この争いの調停のために持ち出されたものということになります。逆に言えば、各自が過去なしであるからこそ、各自が起点になることができ、その点においてまさに各自が平等性を主張できるわけです。

そうであるとすれば、平等性を可能にする過去なしということが不安を招き、その不安が支配をめぐる争いを招き、その調停のためにまた平等性が引っ張り出される、ということになります。このように考えると、各自が自分を起点にするという平等性が争いの原因であり（ホッブズによれば、平等性が争いの根拠そのものです。第二章の第三節）、この争いを調停するのも平等性であるということになります。争いの原因によって、争いを調停するというわけです。そんなことができるのでしょうか。出口のない無限ループに陥ってしまっているのではないでしょうか。

＊ 平等性に先行する敬意

孔子は、このような出口のない平等性からは出発しません。先行者への敬意を根本においているからです。実際、「身体」に照準を合わせれば、自分で自分を生んだのではない以上、先行者である他者への敬意を失うわけにはいかないからです。そして、その確信が「不安」をなくすのです。

では、先行者への敬意を根本にすえる孔子は、平等性を否定したのでしょうか。もちろんそうではありません。孔子も、平等性や公正さを取り上げています（第二章第二節）。国を治めるとき、平等性を無視するわけにはいきません。孔子は、平等性を否定するのではありません。そうではなくて、平等性の前に、先行者への敬意をおくということです。この敬意から出発し、この敬意を未来へと引き継ぐということです。未来へ引き継ぐということは、子どもを支配しないということです。

さて、前節末尾と同じようにここでも、ここでも反論があるでしょう。つまり、愚かな先行者なら、いない方がいいのと同じように、愚かな先行者なら敬意をはらうことなどできない、そういう反論です。虐待する親には敬意をはらう必要などない、というわけです。しかし、いない方がいいと思われる愚かな先行者の問題については、すでに述べましたので、ここでは繰り返しません。ただ要点だけ確認すれば、敬意をはらいたくない先行者とは、支配者であるような先行者です。そして、そういう愚かな支配者になるのは、その人が「不安」だからでしょう。しかし、遅れて来た「私」は、「不安」に至る先行者の来歴を知りません。支配者であるとしても、「敬意」をはらうことが大前提です。その限り、「敬意」に値しない先行者というものは、存在しないということです。その先行者が支配者としてふるまっているからといって、「私」が知ったかぶりで攻撃し返すことは、かえって火に油を注ぐことになりかねません。

なぜなら、もしもこのとき、先行者への「敬意」を失うなら、「私」自身が支配者になり、「敬意」に値しないと思われる先行者に、当の「私」が滑らかに移行することになってしまうからです。ですから、ここがふんばりどころです。だからこそ、先ほど引用したように、孔子は「諫める」べき親に対しても「敬意」ということを書き加えたのです。もしもここがふんばりどころだとすれば、「敬意」こそ、「孝」の極点であると言えるでしょう。その限り、「敬意」は「仁」への移行の鍵であるはずです。

＊ 本物の平等性とは

各自が時間の起点であるという平等性か、それとも、時間的な先行者への敬意か。どちらを先にするか。ここが、西洋哲学の伝統か、論語か、という分かれ目だと、私は考えます。これは、今まで述べてきたように、「身体」を蔑視するのか、肯定するのかに、言い換えることができます。

もしも、敬意をあらゆる人たちに広げることができるようになれば、それは本物の平等性の達成でしょう。なぜなら、嫌々ながら認めざるをえない平等性ではなく、他者への敬意を根底に置く平等性ということだからです。人格としての平等性とは、まさにこのことでしょう。

嫌々ながらの平等性とは、もちろん支配したい気持ちをもったままなのです。この場合、平等性は、ただの調停のためにすぎないのです。その限り、平等性は、他者の足を引っ張って自分と同じ位置まで引きずり下ろすための道具になったり、みんなだってしているではないかと言って自分のエゴイズムを正当化するために持ち出されるのです（第二章第三節）。

そもそも自分を起点にするときに、あるいは平等性から出発するときに、そこから敬意というものが生まれて来るのでしょうか。そもそも敬意というものは、根本においては、「私」

に先んじて、「私」の存在を可能にしてくれていたものに対して、つまり時間的な先行者に対して、はじめて生まれて来るものではないでしょうか。すでに述べたように、敬意と先行者はセットになっているのではないでしょうか。

孔子が「孝」に注目した秘密はここにあると思います。『論語』は、そういう「身体」に寄り添うことからの「学び」に満ち溢れています。

第三節　「先行者への敬意」が起点になる

「述べて作らず、古《いにしえ》を信じて好む。ひそかに我が老彭《ろうほう》に比す」（述而第七、一）

＊　孝という思想の核心

各自が起点になるのか、それとも、先行者を肯定するのか。この二つを対比してきました。そして、「孝」の内実は、先行者への敬意のうちにあると考えます。

このような「孝」という思想を明確に宣言しているのが、「述べて作らず、古《いにしえ》を信じて好む」（述而第七、一）だと考えます。なるほど、この文の中で、「孝」については何一つ言及されていません。しかし、孔子の思想が明確化されていると言えます。なぜなら、「私」が起点ではないと宣言しているからです。

孔子は「古《いにしえ》を信じて好む」と言います。この「古」とは、詩や礼楽などのことです。この文において、学ぶということが重層的に語られています。どういうことでしょうか。孔子は老彭《ろうほう》に自分を比していますが、その老彭は古から学んだことを述べた賢人です。孔子もまた老彭のように、古から学んだことを述べたにすぎないというのです。ということは、孔子が老彭から学んだことは、一つは、古の詩や礼楽ということですが、しかし、たんにそれだけではなくて、さらにもう一つは、老彭のそういう学び方そのものを学んだということです。この重層化された学びは、そのどちらもが、「私」が起点ではないということを反芻していますます。そこに先行者への敬意を深々と読み取ることは容易なはずです。

＊ 身体は遅れて到来する

さらに、「身体」と「述べて作らず」をつなげて考えてみたいと思います。「身体」であるということは、引き継ぎの一項として息づいているということです。「身体」は、「私」が出発点になることは決してできません。「身体」は、「私」が生み出したものではないからです。

「私」が気づいたときには、すでに幾世代にもわたった「身体」の連続性の一項として息づいていたということです。「私」は、ここがどこかもわからず、「私」が何者かもわからず、遅れてやってきたものです。そして、生きていくうちに、この自覚がしだいに切実なものとして訪れることになります。「身体」であるということは、そういうことでしょう。

そしてこのことから、「学び」は始まります。「私」が出発点にいるなら、つまり「私」が「私」を創造したのなら、「学び」は必要ないはずです。なぜなら、学ばなくても、すでに知っているはずだからです。「私」が創造者であるのなら、知らないことなどあるはずがありません。そこにはどのような謎もないでしょう。

しかし、「身体」に寄り添う孔子は、「私」が創造者ではないことから始めるのです。「私」は世界に遅れてやってきたのだ。だから、「学ぶ」必要がある。何をか。「私」に先んじてすでに存在していた「身体」の連続性に基づく世界を、ということになるでしょう。そのとき、「孝」こそが、「学び」の出発点になるはずです。

「身体」を肯定する限り、「私」が起点になることはありません。「孝」は、「身体」に寄り添うことによって、「私の身体」を息づかせてくれた先行者、「私」が「知らない」先行者の存在を覚醒させます。そして、「考える」前に、「考える」前提として、その先行者へ向かう態度を「敬意」とよびたいと思います。言い換えれば、その先行者はいったいどのような来歴をもっているかということを、「私」は「知らない」がゆえに、「知りたい」という欲求をもつとき、その方向性を「敬意」とよぶのだと。そして、そこから「学び」が始まります（「知」と「言葉」については、第三章の第一節）。

＊身体の連続性

孔子が学ぶ内容とは、孔子が創造した内容ではありません。孔子が世界をつくったわけではないからです。その限り、孔子が述べる内容とは、すでに存在していた世界から学んだ内容以外のなにものでもないはずです。それが、「古《いにしえ》を信じて好む」という学び方そのものへの言及であり、さらに「述べて作らず」ということの核心です。「身体」の連続性のなかに投げ込まれた世界から「学ぶ」ほかはないという自覚をこの言葉ほど透徹に表現しているものがあるでしょうか。

金谷治氏は、『孔子』の中で、「述べて作らず」を「孔子の人がら」と結びつけて、「新奇を好む人でなかった」（p.159）と述べています。しかし、この決定的な箇所は、「人がら」や「好み」の問題ではなく、孔子の思想の核心ととらえるべきだと思います。

『論語』の思想は、まさにそういう「身体」の連続性を骨格としていると言えます。それは、気の遠くなる過去の世代から、どこまでも続く未来の世代への引き継ぎと並行的です。死を媒介とした「身体」こそが、『論語』における「学び」の核心です。

＊学びと教えの同時性

その際、孔子の比類なき卓越性は、「学び」そのもののうちに、すでに「教え」を射程に入れているということです。「学ぶ」者は、同時に「教える」者であるという二重性への視点は、生まれて死にゆく「身体」の連続性なしには不可能です。「身体」というものを根底においている思想です。孔子には多くの弟子がいました。「黙して覚え、学んで厭《あ》きず、人に教えて倦《う》まず」（述而第七、二）。これは、「述べて作らず」の次に書かれたものですが、「学び」と「教え」はセットであることがわかります。「学び」だけで完結することはできないということです（第三章の第三節「楽」参照のこと）。なぜなら、「身体」は死すべきものである以上、バトンを渡す一項として息づいているからです。それゆえ、どうしても次の世代への「教え」を欠かすことはできません。そのことを孔子は痛切に感受していたに違いありません。

しかし、「学び」と「教え」についての核心は、「学ぶ」ことにおいて、それ自身がすでに「教え」になるということです。これは、特筆すべき孔子の教育観です。なぜなら、有名な徳治主義（第二章第二節参照）の原理は、このことを支えにしているからです。徳治主義からこの教育観が生まれてきたということではなくて、まさにその逆です。というのも、徳治主義という政治の原理は、空間を超えた「身体」の時間軸からの帰結だからです。この教育観は「身体」を肯定するがゆえの「先行者への敬意」を根本にしていて、過去（学び）と未来（教え）を切断せずに繋ぐ一点がその「敬意」であるということを中心に置いている思想だからです。この時間軸を源にして、徳治主義が機能するのです。

＊ 敬意が根底にある

「学び」がすでに同時に「教え」であるということについては、説明が必要でしょう。学んだ知識を教えるということなら、わかりやすいですが、そういうことではないからです。第三章の主題にもなりますが、何かを学ぶことで、それを背後で支えている源（敬意）を同時に学んだときにだけ、それが教えになるということです。「学び」が同時に「教え」でもあるのは、根底に「敬意」があるときです。なぜなら、「敬意」というものが引き継ぎを可能にする条件だからです。

「孝」を実践しているときに「敬意」を「学ぶ」ことができれば、それ自身が「敬意」を「教える」ことになります。たとえば、直接的に「敬意をはらえ」と教えても「敬意」を教えることにならないでしょう。「敬意をはらえ」と教えるだけでは、かえって反感を植えつけることになるだろうからです。「敬意」は、直接それだけ切り離し、取り出して学ぶことができないものです。ですから、「孝」というものを孔子が全面的に主張しますが、「敬意」は、目に見えない原理として、「孝」を支えることになります。そこをしっかり押さえると き、「仁」が主題として発現してくると言えます。

＊過ちに気づいてくれる他者への敬意

『論語』は、一見「敬意」を主題にはしていないように見えますが、しかし、そこから「敬意」をこそ読み取ることができるときに、「孝」が「仁」へと成熟する鍵があると考えます。それは、「学び」が同時に「教え」になる転回点でもあるということと並行的です。その際、孔子の「学び」と「教え」の二重性に関して、「過ち」を取り上げます。なぜなら、「過ち」にどう向き合うのかは、「仁」の試金石だからです。「過ちをみれば、仁があるかないかがわかる」（里仁第四、七）。「仁」は、言わば「学び」と「教え」の到達点である以上、「過ち」から「学び」を、そして「敬意」を読み取ることができます。

孔子は、「私はしあわせだ。過ちがあれば、きっと気づいてくれる」（述而第七、三十）と述べています。もしも支配者ならば、「過ち」は隠すでしょう。「私」が一番であることを願っているのですから。「過ち」を認めれば、支配者の自分にケチがつきます。相手と争っているときに、自分の「過ち」を認めたら、相手を利することになり、支配をめぐる争いに負けてしまいます。勝つために支配者は、先行者を利用することはあるでしょうが、敬意をもつことはありません。そもそも「敬意」を抜かすことが、支配者であることを可能にするのですから。

それに対して、孔子は「過ち」を隠すことなど考えてもいません。「気づいてくれる」ことを期待しているのですから。「過ち」という、自分にとって不都合なことを隠さないのは、孔子にとって、争いの勝敗など、どうでもいいことだからです。その限り、孔子は、目下の者からでも、学びたいのです。実際「目下の者に質問することも恥じなかった」（公冶長第五、十五）という人を、孔子は讃えています。「過ち」を繰り返さないことが、孔子にとって大切なことです。未来へ引き継ぐべきことは、争いの勝敗ではなくて、「過ち」を繰り返さないことですから。そもそも勝敗にこだわる人は、未来のことなどどうでもよくて、今の自分のことしか考えていないので、勝敗にこだわるのです。

そして、ここで気づくべき肝心なことは、その「学び」の過程で孔子を背後で駆動している源が他者への「敬意」だということです。「学び」の蔭に隠れて見えないのですが、そこで生き生きと活動しているのは、「敬意」です。「過ち」を繰り返さないという「学び」の「しあわせ」を語っているのですが、その「過ち」を繰り返さないでいられるのは、「気づいてくれる」他者のお蔭です。それはそのまま、他者への「敬意」を「教えて」くれています。「気づいてくれる」者たちへの「敬意」がそこに溢れています。もしも支配者ならば「気づいた」者たちを弾圧するでしょう。この対比は、「気づいてくれる」者たちへの「敬意」を強烈に照らし出してくれます。「過ち」を繰り返さないということが「学び」であると同時に、「過ち」を繰り返さないための他者への敬意が「教え」の核心なのです。

＊ 考えることで、コピーではない学びへ

またその際、「考える」ということが、「敬意」を読み取るときの鍵になるでしょう。このことも付言しておきたいと思います。実際に、「敬意」を「学ぶ」とは、どういうことか。

「敬意」を「教える」とはどういうことか。おそらく、このとき「考える」ということが不可欠なはずです。その際、この「考える」は、先行者からの「学び」の中で発揮されるべきことです。「学んでも考えなければ、はっきりしない。考えても学ばなければ、危険である」（為政第二、十五）とは、このことでしょう。たとえば、支配者としての親に服従することが「孝」であると短絡すれば、「孝」を実践する人は、自らは支配者となり、子どもに対しては服従を命じることになります。つまり、支配と服従を強制することになります。これは、何も「考える」ことをせず、気づかずに支配者をコピーしているだけだからです。これについては、第二章第二節で、取り上げます。

＊学びを起動させる学び

さらに、「学び」と「教え」の二重性について、「不安」という補助線を使って、次のように言い換えることもできるでしょう。「不安」に操られている人は、どんなことであれ、そもそも「学ぶ」どころではない状態です。「不安」という負の連鎖を断ち切ることができなければ、そもそも「学び」は起動しないからです。「学び」を起動させる「学び」、次元が一つ高い「学び」が必要です。「不安」を断ち切るための「学び」がそれです。そこに照準が定まってくるとき、また同じ地点に戻って来たことになります。孔子がそれをこそ「仁」の根源においたこと、「学び」を起動させる「学び」、それがすなわち「孝」です。「孝」という「学び」において、背後において支えている、次数が一つ高い「学び」、目に見えない源のことです。「私の身体」を可能にした先行者の来歴を、遅れてきたために「知らない」がゆえの「敬意」です。「身体」を通じた「学び」であるがゆえに、無根拠な「私」の「不安」を断ち切ることができるでしょう。

そして、「不安」がなく、「敬意」があれば、それを前提として学んだことはすべてどんなことでも、決して支配へは向かうことはありません。それを学んだ者は、未来世代に対しても「敬意」をはらうことになります。「学び」がすでに「教え」であるのは、「敬意」が根底にあるときだけ可能なことです。「敬意」こそが支配から遠ざかることができるということは、繰り返し述べてきた通りです。「敬意」こそが、まさに世代間の引き継ぎを可能にするのです。

それに対して、支配は時間を切断します。支配者が先行者であるとき、支配される者は「敬意」をはらってもらっていないので「不安」になります。その「不安」が、自らも支配する者になっていくことを可能にするのです。「考える」ことなく、「敬意」を失って、支配者をそのままコピーし、「不安」に操られながら、その支配者の位置を自らが滑らかに占有することになるのです。それは、同一の支配のうちに閉じ込められている状態です。「学び」が起動しない状態です。

＊平等性と無時間モデル

さて、「敬意」に戻って来たところで、平等性との関係を再考してみたいと思います。前節で、各自が起点となる平等性を根拠にすると、無限ループに陥り、出口がなくなるということを取り上げました。孔子によれば、本来の平等性は、先行者への敬意を起源とし、他者への敬意を前提とするものなのです。それにもかかわらず、この前提が抜け落ちると、ボタンの掛け違いのように、失敗することになるのです。

「敬意」とは、まずは先行者への感謝を源にするでしょう。それに対して、平等性は、「私」を時間の起点にすることによって、「遅れ」をつくらないことによって確保されるものでした。もちろん、そこには敬意など存在する余地はどこにもありません。「私」が出発点である者にとって、「敬意」をはらう対象がどこに存在するというのでしょうか。先行者を認めないことと平等性は、相性がいいのです。先行者を認めないという考え方は、「遅れ」をつくらないという点で、時間を無視するということです。言い換えると、平等性と無時間モデルは相性がいいということになるでしょう。ですから、過去もないし、おそらく未来もないのです。平等性を根拠にすると、行き詰まり、争いの空間の渦に巻き込まれやすいのは、そのためではないでしょうか。平等性を根拠にして、そこから「敬意」を導き出すということは果たしてできるのでしょうか。

「身体」というものを、無時間モデルで解釈することはそもそも不可能です。西洋哲学の伝統に位置するのが同一不変の「イデア」ですが、この「イデア」と「身体」は、一致しようがありません。ですから、「イデア」を中心にすえれば、「身体」を蔑視し、「身体」の時間軸を無視せざるをえなくなるでしょう。そこに、「不安」と「支配」が始まるのです。

＊平等性を身体の時間軸に入れてやる

しかし、だからと言って、孔子は平等性を否定するのではありませんでした。孔子は「身体」を肯定して、平等性よりも先行するものを言い当てるのです。孔子が考えていることは、平等性よりも身体の時間軸を先行させることによって、平等性に生命を吹き込むことです。「敬意」があって、はじめて人格の平等性の実現につながるでしょう。それは言い換えると、平等性を身体の時間軸のなかに入れてやって、賦活するということです。もしも先行者への敬意をしっかり学んだ人ならば、そういう人は敬意をすべての人に向けるはずです。そして、それが結果的に、本物の平等性の実現につながるはずです。

もしも敬意をすべての人に向けることができれば、かつ、そういう人たちが世界を構築するならば、平等な世界が実現すると思われます。しかし、逆説的ですが、そういう世界では、平等性が主題になることはないでしょう。敬意さえ行き渡っているなら、平等性は派生的なことにすぎないからです。そもそも敬意とは、はじめから他者と私の平等性など求めていないのです。というのも、敬意とは、他者を私の上位におくことだからです。反対に、支配とは他者を私の下位におくことです。敬意と支配は、真逆のベクトルのうちにあります。

＊ 贈与としての敬意

さて、この地点から、本書まえがきで述べた、孔子の志を振り返ってみたいと思います。「老人には、安心されるように、友には、信じてもらえるように、年少者には、慕われるように」（公冶長第五、二十六）。ここには「孝」を学んだ「仁者」の姿が生き生きと描かれているわけですが、平等性には一言もふれていません。というより、ここで孔子は、はじめから平等性など問題にしていません。孔子は、まず人間を「老人」「友」「年少者」とに区別しています。加えて、この三者のそれぞれに対して「私」との平等性など求めていないからです。

孔子がここで述べていることは、「私」は他者のために何ができるかということだけです。「老人に安心される」ために、「友に信じてもらえる」ために、「年少者に慕われる」ために、「私」は何ができるか。それだけを語っています。平等性を主張しているのではありません。「そうしてあげるから、ちゃんと見返りをよこせよ。見返りをもらって平等になるのだからね」。そんなことを語っているわけではありません。そんなことは、孔子にとってどうでもいいことなのです。それから「支配」でもありません。「私」を安心させろ、「私」を信じろ、「私」を慕え、という服従の命令ではありません。

孔子が言っていることは、他者への一方的な贈与です。今まで述べてきた鍵語で言えば、それがまさに他者への「敬意」です。「敬意」だけが語られているということです。

＊ 敬意と支配では方向性が逆転する

「敬意」とは、他者を主格において、「私」を目的格におきます。それとは反対に、「支配」

とは、「私」を主格にして、他者を目的格にします。「支配」において、「私」は、他者を、どう利用してやろうか（邪魔になるなら他者を切り捨ててやるぞ）となるわけです。「敬意」と「支配」とを対比すると、「私」と他者との位置は、ちょうど逆転します。

そして、ここにある「敬意」は、先行者である「老人」に対してだけではありません。同世代の「友」だけでもありません。未来に生きる「年少者」への敬意までが語られているのでした。「孝」によって先行者への敬意を学んだ者は、先行者への敬意で完了するわけにはいかないのです。「年少者」というところまで明確に射程に入れて、はじめて先行者への敬意がその意味を全《まっと》うするからです。それどころか若者への「敬意」は、未来への希望を語ることです。「青年は畏れるべきだ。これからの人が今の自分に及ばないなどと、どうしてわかるものか」（子罕第九、二十三）。「畏れる」とは「敬意」の核心をついて「わからない」ものであることを強調しています。この「わからなさ」は、「今の自分」を超えていくものとして、まさに希望というべきものです。

では、なぜ先行者への敬意を学んだ者は、未来世代である「年少者」への敬意にまで及ぶのでしょうか。おそらくここに、「身体」を肯定する「孝悌」が「仁」と重なっていく鍵があります。それは、先行者から「愛」をすでにもらってしまっていたということ、そして

「私の身体」が死すべきものだからです。それが次章（第一章）の主題です。

第一章

「身体」と「愛」

「予の不仁なことよ。子どもは生まれると三年たってやっと父母の懐《ふところ》から離れる。あの三年の喪というのは、世界中の誰もが行う喪である。予にしても、その父母から三年の愛を受けたであろうに」（陽貨第十七、二十一）

＊仁は身体の肯定から生まれる

ここで、西洋哲学と対比しつつ、『論語』の大きな見取り図を整理してみたいと思います。すなわち、こうです。西洋哲学の伝統は、「身体」蔑視にあり、そこから生じた「不安」が西洋哲学を読み解く鍵ではないか。「身体」を蔑視するとき、先行者なしの無根拠が「不安」を招く。「不安」に駆られた者は、無意識のうちに「支配」という道行きを歩む。底なしの「不安」と苛烈な「支配」は、正比例の関係にある。平等性というものは、この「支配」を調停するための対症療法にすぎない。

それに対して逆に、『論語』は「身体」への肯定に基づく思想であり、「身体」からの「学び」である。「孝」は「説び」となる。「仁」とは、そういう「身体」に敬意をはらった、つながりに基づいた生命感情である。「仁」は生を肯定する力強い思想であり、「支配」とは違う方向性を歩む、と。

さて、本節冒頭の引用ですが、そこに登場する「予」は孔子の弟子です。その「予」が「三年の喪」は長いと文句を言ったことに対して、孔子が答えています。孔子は「予」の不満に対して、それは「不仁」であると断定しています。「不孝」と言ってもよさそうですが、そうではないのです。なぜ、「不孝」ではなく、「不仁」なのでしょう（本章第二節で参照）。「仁」は『論語』の核心です。そして、ほかならぬその「仁」が、ここで決定的な仕方で述べられています。なぜ決定的なのか。それは、「仁」がどのように生成してきたのかが「身体」に即してはっきりと述べられているからです。

「不仁」という強い言葉が述べられている箇所は、『論語』の中でここだけではありません。しかし、ここ以外の「不仁」は、すでに成立している「仁」について述べているにすぎません。たとえば、「私は、まだ仁を好む人も、不仁を憎む人も見たことがない」（里仁第四、六）や「不仁であるとして、その人をひどく嫌いすぎると、その人は乱暴になってしまう」（泰伯第八、十）などです。

＊ 仁は愛の引き継ぎに息づく

なぜ、この箇所が決定的なのでしょうか。それは、「仁」が、その源から「身体」に基づいて書かれているからです。このことは、どれほど強調しても強調しすぎることはありません。ここには、生まれたての「子ども」、「父母の愛」、そして父母の死を見送った後の「喪」に至るまでが、「身体」における先行者との関係性において明確に書かれています。その過程において、「仁」が生まれてくるということです。

まとめると、以下のようになります。「私」は、「身体」として生まれてくるということ。この「私の身体」は、「私」が作ったものではないということ。そうではなく、先行者からの愛を源にして「私の身体」が誕生するということ。だから、「私」の存在の出発点は、「私」ではなく、先行者からの愛であるということ。その限り、「身体」は祝福されていると言えます。そして、「仁」は、先行者の死（喪）を通過して最終的に吹き込まれます。したがって、「仁」とは、「身体」を通じた「愛」の引き継ぎのうちに、自らの生命があると言えます。

ここには、西洋に存在しない思想がすべて胚胎しています。まえがきで、西洋哲学を突き動かしているのは、「不安」であり、そこから目を逸らそうとするときに「支配」が生じて来ると述べました。しかし、「身体」を肯定し中心に据える『論語』において、「不安」の中に突き落とされるということはなく、したがって「支配」とは正反対の道行きが示されます。先行者からの「愛」というものが平等性の手前にあって、それが「敬意」を呼び起こすのです。このとき、先行者というのが、父母のことです（この父母にも、それぞれ先行者がいます）。この第二章では、そういう「愛」をめぐる「孝」が主題です。

第一節　「身体」には「愛」が宿る

「曾子が病気にかかったとき、門人たちを呼んで言った、わが足を見よ、わが手を見よ。詩経には、『おそれつ戒めつ、深き淵にのぞむごと、薄き氷を踏むがごとく』とあるが、これから先は私ももうその心配がないねえ、君たち」（泰伯第八、三）。

＊身体は私の所有物ではない

弟子の曾子は、自分の身体について、右のように述べています。ここには、曾子がどれほど自分の身体を大切にしてきたかが述べられています。今までずっと「薄き氷を踏むがごとく」傷つけないように大切にしてきた、というのです。そして、いま重病になり死を迎えることになったので、これでようやく身体への心配をしなくてよくなった、と。

西洋哲学の伝統では、「身体」は蔑視されていると述べました。しかし、『論語』において、「身体」ほど大切なものはないのです。そして、「身体」を肯定するか、しないかという大前提（出発点）の違いから、全く異なる方向性が生まれてきます。この天と地ほどの隔絶された違いに、私は驚かざるをえません。

さて、なぜ曾子は自分の身体を大切にしてきたのでしょうか。現代人なら、自分の身体だから、と言うかもしれません。しかし、そうではありません。「身体」は自分の所有物ではないということが『論語』の主題なのです。そして、自分の所有物ではないからこそ、大切にしなければならないということなのです（西洋哲学の伝統では、身体は所有物です。第二章の第三節のホッブズ、ロックを参照のこと）。どういうことでしょうか。「身体」は、言わば父母の愛の賜物であるということだからです。曾子が「おそれつ戒めつ、深き淵にのぞむごと、薄き氷を踏むがごとく」、自分の身体に接してきたのは、そのためです。

もちろん、父母から捨てられたり、虐待される子ども、あるいは父母からの過剰な期待につぶれそうな子どもも、少なからずいます。父母の愛どころではない事態です。「孝」が躓《つまづ》きの石になる理由の一つはそのためです。しかし、このような親の問題は、すでに述べてきた通りです。親自身が「不安」の只中《ただなか》にいるということでした。「身体」蔑視という負の連鎖があるのでした。

＊他者なしで私であろうとすることが不安

父母を先行者と読み替えると、先行者からの愛が私の身体の根源であるということです。気がついたときは、すでに私は先行者からの愛をうけとってしまった後である、ということなのです。これは、エゴイズムを根源的に揺り動かす事態です。なぜなら、エゴイズムの地盤は、私は誰の世話にもなったことがない、私は自分で自分をここまでにしてきたのだ、私をつくったのは私である、ということだからです。そして、それゆえに、私は自己中心で、何が悪いというのだ、文句あるか、となるのです。

しかし、私が私をつくった、私が私を支える、ということはエゴイズムの地盤というより、自立であって、立派なことではないかと考える人もいるかもしれません。しかし、ここに落とし穴があります。私が私をつくったということは、言い換えると、他者とつながりを切断していることです。そういう私は、極めて危ういのです。なぜなら、他者なしで私であろうとすることこそ、何度も述べてきたように、「不安」の根源だからです。そして「不安」な人は、他者のことを思いやる余裕などなく、逆に自分をわかってもらうことに必死になります。「不安」なのですから、無理にでも、わかってもらおうとするでしょう。わかってもらえないときは、他者を非難したり、攻撃しようとするでしょう。これが他者への支配です。そして、ここから争いが生じることになります。エゴイズムの地盤は、「不安」であり、その根源は、「身体」を切り離すことにあると言えるのではないでしょうか。

＊身体は先行者なしに生存できない

しかし、もちろん「身体」に照準を合わせるなら、私を創造したのは私ではないのです。にもかかわらず、「私」（意識）は、自分の「身体」という起源を抑圧して忘れてしまうのです。フロイトも、幼児性健忘を取り上げていますが、それはエディプスコンプレクスの源になる幼児性欲です。これは、父母の愛ではなくて、支配する父と自分を同一化することによって、自分を立ち上げるものです。そうすると、自分を起点とするという位置に陥ってしまい、危ういのです。モデルが父という支配者であるとき無根拠になってしまい、自分も不安に基づいて支配者になろうとします。しかし、孔子の「身体」にあるのは、父母の愛です。「身体」として生まれて来たとき、人は誰でも、他者に食べさせてもらい、他者に身体を洗ってもらい、他者に排泄のお世話をしてもらい、他者に服を着せてもらってきたのです。他者というものが、すでに私に先んじていて、私を迎えいれ、支えてくれたおかげで、私という「身体」がこうして生きているということです。そういう先行者がいなければ、「身体」としての私は、生きようとする前に死んでしまっていて、ここにはいないのです。

逆に、もしも「身体」が私の創造したもので、私の所有物にすぎないのなら（事実に反しますが）、私の気分しだいでどのように扱ってもよいことになってしまうでしょう。「身体」は、私の好き勝手にしてよい。刺青をしようが、リストカットしようが、麻薬に手を出そうが、自殺しようが、誰の指図も受ける必要はない。誰にも文句は言わせない。なぜなら、私の身体は、私の所有物だから、というわけです。これも「不安」による攻撃性から説明できるでしょう。他者へではなく、自分自身へ向かった攻撃性として。

＊愛の賜物としての身体

しかし、『論語』の核心は、「身体」は私の所有物ではないということです。その理由は父母（父母に類する先行者）からの愛の賜物であるからです。そして、そういう父母自身は、と言えば、もちろん自分で自分を創造したのではありません。父母は、生まれたての時は子どもであり、自分の父母からの愛の賜物として誕生したわけです。こうして次々に遡行すると、そういう連綿としたつながりの系譜が存在します。だから、「身体」は、過去の父母たちの愛の凝縮です。直近の父母だけに限ることはできません。ですから、父母の愛は、先行者というものたちの愛にまで広がるものです。

父母（先行者）からの「愛」の賜物としての「身体」ということが、すべての出発点です。ここに出発点があるということ。このことはどれほど注意しても注意しすぎることはありません。なぜなら、この出発点がはっきりしていれば、残りのすべてはここから溢れ出てくるからです。逆に、もしもこの出発点が間違っていれば、そのあとにどれほど論理が整合的であっても、間違った事態が生じてくるということです。というより整合的であればあるほど、取り返しようなく間違った道を進まざるをえなくなるわけです。

＊レヴィナスは裸形の身体を照準する

西洋哲学の中で極めて例外的に「身体」に照準を合わせたレヴィナスは、主著『全体性と無限』の「内部性と家政《エコノミー》」という章のなかで、「身体」を迎えいれる「家」の根源性を強調しています。「家の特権的な役割は、人間の活動の目的ではなく、活動の条件であり、その意味では活動のはじまりとなることにある。（中略）人間はいわば、星のあいだに広がる空間のなかで、あらかじめ自己を所有していて、そこから世界に到来するわけではない」（上p.307）。「世界を観想する主体はこうして、住みかという出来事を前提している」（上p.309）。

人間は、そもそも、考えたり、労働したり、自己を所有する前に、すでに「身体」として息づいていなければなりません。そして、その「身体」は、「家」の中で、他者に迎えいれてもらっているということがそもそもの「前提」なのです。他者に迎えいれられ、支えられてきたからこそ、いまここに「私」は存在できているのです。そして、だからこそ、あれこれ考えることができるのです。レヴィナスは、「支えられていることによる、私と場所との関係は、思考と労働とに先立っている」（上p.274）と言います。そして、そのように「支えられ」なければならないのは、「裸形で貧しい身体」（上p.250）だからです。レヴィナスのように、「身体」に照準を合わせるなら、そうならざるをえないはずです。

「身体」なしに、考えることなどできません。しかし、こんな当たり前の「前提」が、いつのまにかすっかりと抜け落ちてしまうのです。考える意識というものは、自分の基盤である「身体」を破壊できるほど忘れてしまうのです（結語のデカルトの不安を参照のこと）。

まず父母の「愛」が子どもの身体に堆積します。子どもの「身体」は、そういう先行者からの「愛」をうけて、この世に誕生し、成長していきます。そして、そのように「身体」に堆積した「愛」が、子どもとしての「私」のうちに宿る「仁」の源となるでしょう。

＊ 仁は身体に宿る生命感情

孔子は、「仁とは、何か」と弟子の樊遅《はんち》に質問されて、「人を愛することだ」（顔淵第十二、二十二）と簡潔に答えています。「仁」とは「愛」であるというのです。その愛は、まず「身体」的なものであることを確認しておきたいと思います。「人を愛する」とは、他者を家の中にかくまい、風雨や寒さから守り、他者に食べさせ、他者の身体を洗い、他者の排泄のお世話をし、他者に服を着せてあげる、ということです。

もちろん、子どもや老人や病人やけがが人でなくても、大震災や台風による甚大な被害があれば、被災者たちはまずそのようにしてもらわなければなりません。何よりも、人は「身体」であるからです。そして、そういう「身体」を守るということの原型は、やはり子どもへの親の愛を思い浮かべていいはずです。言わば「人を愛する」という父母の愛によって構成されているのが私という人間の身体であり、その私が子どもから大人へ成熟するにしたがって、今度は私が他者を愛し、他者を支えるようになるでしょう。子どもから大人に至る過程の中で、「仁」が「身体」に宿る生命感情として熟成してくると言えるように思います。『論語』の核心である「仁」は、その源を辿れば、以上のように「私の身体」のうちに、私の誕生の条件として、すでに吹き込まれてしまっているものです。その限り「仁」は、生命感情です。孔子は、「仁」について、「仁は遠いものだろうか。自分から仁を求めれば仁はすぐやって来る」（述而第七、二十九）と述べているのは、そのためだと考えます。

＊生老病死の身体を肯定する

「身体」を切り捨てようとするのは、自惚れた意識の仕業です。「意識」は言葉を操り（第三章）、「身体」なしにわかった気になっています。しかし、何度でも肝に銘じなければならないことは、「身体」なしに考えることはできないということです。そして、他ならぬその「身体」は、家のなかに迎えいれてもらって、はじめて息づくことができるということです。子どもの頃は、誰でも食べさせてもらい、排泄のお世話をしてもらってきたし、介護が必要な年齢になれば、誰もが再びそうしてもらうようになるのです。病気やけがをしたときも、被災したときも、もちろんそうです。「身体」であるということは、そういう他者からの支えを不可欠の条件として息づくことができるものなのです。老いや病気やけがや被災から無縁であることは、「身体」であることを超えています。自分がいつ障害者になるかはわかりません。生まれながらに障害を背負うこともあります。しかし、自分で自分を創造したわけではないということが「身体」であるということである以上、誰にでもその可能性はあるのです。

その際、『論語』のすばらしいところは、だから「身体」であることは苦しいという結論にならないところです。そこで、他者とのつながりが生まれることを肯定的に掬い上げるのです。現代社会において、生きていることのリアリティがなく、生きていることの虚しさに襲われるとすれば、他者とのつながりがないからです。西洋哲学の鍵で言えば、「不安」であるのは、「身体」を蔑視し、他者なしで私であろうとするからです。「意識」の暴走によって、そこまで追い詰められているのが、現代の切迫した状況と言えるでしょう。『論語』は、「不安」の源まで遡ることの必要性を「身体」に基づいて教えてくれます。

第二節　「仁」は「他者への愛」へ向かう

「君子は、根本のことに努力する。根本が定まってはじめて道もはっきりする。孝悌ということこそ、仁の本であろう」（学而第一、二）。

＊身体を通して私の位置を知る

「身体」として生まれてくる以上、他者に支えてもらわなければなりません。なぜなら、そうしてもらわないと、「身体」は死んでしまうからです。しかし、こんな当たり前の「前提」が、いつのまにか忘れられてしまうのです。「私」が生きていることの「前提」なのに、です。これは、とんでもなく恐ろしいことです。でも、「前提」を忘れているので、その恐ろしさにも気づかないのです。

「私」の「前提」、「私」が「活動する」ことの「条件」を忘れてしまうことは、「私」の位置を見失ってしまうことです。自分がどこにいるか知らないということです。そういう人は、どんなことも平気でできてしまうでしょう。たとえば、自分が高速道路にいることを知らないなら、人は逆走し始めるかもしれません。そうすれば、反対車線から来る自動車と猛スピードで正面衝突するかもしれません。でも、自分がどこにいるか知らない人は、堂々とできてしまいます。恐ろしいことです。

カントは『実践理性批判』で、「独りよがり」という定義を与えています。「独りよがり」

（p.154）をドイツ語で、Eigendünkel《アイゲンデュンケル》と言いますが、「自分の暗闇」のことです。暗闇にいるので、どこにいるかわからないということです。でも、本人は知っていると思い込んでいるので、「独りよがり」となるわけです（第三章第一節「知らないということを知らない」参照）。暗闇にいると、自分が暴走しても、暴走に気づきません。暴走していることに気づかず暴走するのですから、ほんとうに恐ろしいです。それは、破局に至るまで暴走を止めることができないということ、破局に至ってはじめて暴走が止まるということを、意味するからです。

この破局は、身近な喧嘩から、原発稼働、ヘイトスピーチ、テロ、戦争に至るまでを想定することができます。国家は、もともと支配するための装置です。国内的には国民を、国外的には他国に対して、支配しようとする装置です。孔子が根本におく「仁」は、そういう支配を原理とする国家というものを再考させてくれます。戦争を回避するということ以前に、そもそも戦争に行きつく国家そのものをどうするかという道です。「身体」を出発点にする「仁」の射程は、ほんとうに巨大です。なぜなら、「身体」から出発するとき、そういう支配とは全く別の関係性を構想できるからです。

＊身体と他者との関係

プラトンやヘーゲルによれば、家族は克服されなければならないものです。未熟な形態であり、家族に止まっていてはいけない、家族は国家へと止揚されなければならないことになります。国家こそが家族の上位にあって、家族を支配すべきだという立場です。しかし、それは、「身体」を軽蔑しているから、そんなことになるのではないでしょうか。

孔子は、なぜ政治をしないのかと問われて、次にように答えています。「書経には、『孝行よ、ああ孝行よ。そして兄弟ともむつみあう』とある。政治ということに及ぼすなら、これもやはり政治をしているのだ。何もわざわざ政治をすることもなかろう」（為政第二、二十一）。孔子は、国家を家族の上位におくようなことはしません。それどころか、国家の支配という構造を、家の「迎えいれる」という構造に置き換える道を提示しているのです。それは、家における「身体」を基本にしているからです。しかし、その際、注意すべきことですが、家という言葉から連想して、血縁の家族に限定する必要はありません。それは他者の支えを必要とする弱き身体を「迎えいれる」住まい、非血縁の中間的共同体を無数に張り巡らすということを指しています。社会は、そのような無数の自生的な共同体を下から支えるものとして公的な領域を構成することになるでしょう。

一気に先走りましたが、そこまで進む前にまずは、「私」の「前提」としての、他者と「私の身体」の根源的関係（死と「身体」の関係を含めて）を辿りたいと思います。

前節で述べましたが、『論語』の核心である「仁」とは、「私の身体」のうちにすでに息づいているものです。「仁」は自然な生命感情です。したがって、もしも「身体」を蔑視するなら、あるいは「身体」を忘れているなら、「仁」は気づかれないまま（隠されたまま）になってしまうでしょう（それは、意識や言葉が一人歩きして、支配へ向かうことです）。しかし、「身体」に敬意をはらい、遡行することができれば、それは「仁」に至る道になるはずです。

＊ 仁から孝を照らしてみる

では、「身体」へ遡行するためには、どうすればいいのでしょうか。『論語』によれば、それが「孝」です。「孝」によって、「身体」へ遡行すれば「仁」に至るということです。

しかし、『論語』の「孝」は、躓きの石です。すでにふれたように、親から虐待された場合、「孝」は不合理な強制にみえるからです。ここではもう一つの別の理由を取り上げます。「孝」が躓きの石になるのは、封建道徳の最たるものであると、みなされるからです。実際に「忠孝一如」として、国家の支配道徳になってきました。権力者が、「孝」というものを、人々を支配するためのイデオロギーとして利用してきました（「身体」なしの言葉の一人歩きのことです。第三章の主題です）。

けれども、もちろん「孝」はそういうものではありません。なぜなら、『論語』によれば、「孝」によって「仁」に至るのだからです。「仁」とは、そもそも支配とは正反対のものです。支配してやるという方向性とは逆向きのベクトルのうちに、「仁」は屹立しています。

でも、「孝」と「仁」を切り離してしまう解釈が、ほんとうに多いのです。「仁」から切り離しさえすれば、「孝」は「孝のための孝」となり、権力エリートにとっては、使い勝手のいい支配イデオロギーです。そのようなものとして簡単に回収されてしまうのです。あるいは一般的にも「親孝行せよ」というただのお説教として理解されやすいでしょう。

「孝」という言葉の表面だけが、上滑りに（「仁」と無関係に）空回りしていきます。お気づきのように序章で述べたことですが、これは、「孝」の本質としての、目に見えない「敬意」を素通りしているからです。目に見えないものは、「意識」から簡単に抜け落ちやすいのです（第三章の第三節「楽」参照のこと）。「私」という意識が起点になるときに生じる、「身体」蔑視という、先行者への「敬意」が見失われた状態が、イデオロギーとしての「孝」

に「私」を巻き込むのです。

＊ あげてみて、もらっていたことを知る

ここでは、「孝」を支配者のイデオロギーにさせないために、「子をもって知る親の恩」という諺を取り上げてみたいと思います。先行者からの「愛」が先行者への「敬意」を生み出すという道筋から、「仁」と「孝」を考えてみたいと思います。

誰でもご存じのこの諺は、ほんとうに多くのことを教えてくれます。この諺の内容は、次のようにまとめることができるでしょう。自分が子どもを育てる親になったとき、子どもにしてあげる行為を通じて、自分が子どものときに親からしてもらっていたことを知る、ということです。そういう体験をすれば、「親の恩」を身に滲みて知ることになるだろうと。

この諺から学ぶべきことは次のことです。本書のこの後の道筋を先取りする形でそれを述べたいと思います。この諺の鍵は、二つあるでしょう。一つは、「親の恩」は、自分が子どものときは知らないものだということです。つまり、先行者からの愛（親の恩）は、それをもらっているときには本人は知らないということです。

では、それを知るのはどのようなときかと言えば、愛をもらっているときではなく、自分

が成長して愛をあげているときだということです。自分が親になって子どもを育てるという経験をするようになって、あの頃はわからなかったけれど、あのときこうしてもらっていたのだと、後になってしみじみ思い至るということです。これが、二つ目です。

以上のことは、「仁」を理解する鍵になるので、さらに詳しく説明します。

＊身体には時間が堆積している

子どもは、親の愛をもらって当たり前です。なぜなら、子どもの「身体」は、親の愛をもらわないと死んでしまうからです。でも、子どもは親の愛をそのときは知らないのです。しかし、大切なことは、なるほど知らないですけれど、にもかかわらず、もちろん子どもの「身体」には親の愛が滲みこんでいるということです。それは、いま目にすることはできないけれど、しかし間違いなく「身体」には堆積しているのだということです。

＊言葉でなく身体による実践

次に、ではそのことを、誰かが子どもに「言葉」で教えたなら、子どもは知ることになるでしょうか。ここがまた肝心なことです。「言葉」では無理だということです。

先ほどの諺は、自分が親になって愛をあげるという行為をしてみないとだめだということを言っています。もちろん、ここで「愛」という言葉も、抽象的に理解してはなりません。本書の主題が「身体」であることは、繰り返し述べて来ました。「愛」とは、具体的なものです。すなわち、「身体」を家の中に迎えいれ、食べさせ、排泄の世話をし、服を着せ、寝顔を見守ることです。そして、そういうことを「言葉」ではなく、実際に行うことに尽きます。

その際、次のことも確認しなければなりません。「言葉」でなく実践だとすれば、それを誰かに行わせればいいのだなと思う人がいます。もちろん違います。ほかならぬ自分がそれを実際に行うということです。そんなことは当たり前だと思われるかもしれません。ところが、そうではないのです。たとえば、先ほどの諺を、お説教として誰かに言う人は、自分はしないで誰かにさせようとしているのですから。無意識のうちに、自分のことは抜け落ちて、(言い換えれば、自分を特権的な位置に置いて、しかし、そのことをすっかり忘れて)誰かに説教を始めてしまうのです。支配者のイデオロギーとしての「孝」とは、まさにこのことです。また、これが「言葉」というものの危険なところです。

＊ 身体は空間を超える体験をもたらす

そして最後に、この諺の奥行の深さは、子どもが親になるという時間が前提になっているということです。子どもが子どものままとどまるなら、この諺は成立しません。無時間的な、空間的な諺ではないのです。では、この時間はどこから生成するのかと言えば、「身体」からです。「身体」に照準を合わせているとき、時間が生成するのです。「知る」ということは、「身体」を前提にした時間において可能であるということです。

「身体」として「知る」ということは、空間的な「知る」こととは違うのです。先ほどの諺の「知る」対象というのは、「過去」のことだからです。子どもだった自分が親になるまでの時間が、どうしても必要だということです。その長い時間を経ることなしに、この諺の意味を理解することは全く不可能なのです。そして、ようやく親になったとき、自分の子ども時代はすでに「過去」のことであり、目に見えない世界の出来事です。しかし、その目に見えない「過去」のことは「身体」には息づいています。自分に先行する他者に、「身体」的な実践によって出会うことが、先ほどの諺の核になっているのです。空間の外部に出ていくということがどうしても必要だということです（第三章の第三節「楽」とは、すでに過去になった音を身体に記憶していないと成立しないということです）。

それから、「言葉」では無理だということを先ほど述べましたが、もちろんそれは「言葉」を否定するということではありません。「言葉」の一人歩きの危険性への注意が必要だということです。「身体」を前提にした「言葉」であるなら、それを否定する必要は全くありません。それどころか、「身体」に基づく「言葉」は不可欠であって、そういう「言葉」によって「知る」ことは、「身体」に戻ってきて、「身体」を賦活するのです（第三章の第三節「詩」参照）。

＊孝は先行者に出会う体験

さて、ずいぶん遠回りをしてきました。「孝」に戻ります。もちろん、この遠回りは無駄ではありません。なぜなら、今まで「子育て」について述べてきたことは、実はそのまま「孝」に当てはまるからです。「孝」も、子育てと同じく、そういう体験と重なるからです。もちろん、子育てと「孝」は違います（これは次節で）。しかし、まず「孝」を親の介護として考えてみると、大変わかりやすいと思います。なぜなら、介護とは、お年寄りを家の中に迎えいれ、食べさせてあげ、排泄のお世話をし、服を着せてあげ、寝かせてあげることだからです。これは、自分が子どもの頃にしてもらってきたことを追体験することと同じです。

だから、子育てに通じているのです。これは子育てと同様に、自分に先行する父母の愛が身に滲みる行為そのものです。「孝」は、父母の愛に至るまでの「私の身体」の来歴へ遡行することになるのです。

そして、先ほどの諺で述べた肝心なことを、ここでも確認したいと思います。まず、「孝」は、「言葉」だけで理解できるものではないということです。また、「孝」は、誰かにお説教して、その人に実践させるものでもないということです。自分はしないにもかかわらず、他人にそれを強制するとき、「孝」は支配するための道具になってしまいます。「孝」は自分自身が実践するものです。他の人に命じるものではありません。

最後に、「孝」は、幼い子どもがすることではなく（なぜなら、子どもとはそもそも親の愛をもらう存在のことですから）、その幼い子どもが大人に成長するという時間の経過がどうしても必要な実践だということです。子どもという、過去において愛を身体において受け取った経験を与えられた者が、大人になるという長い時間を経ることなしに、「孝」を理解することはできないのです。「孝」は、「身体」に照準を合わせた時間なしに不可能な実践であるということです。「身体」に遡行するとは、このことです。それは、私に先行する、現在において不在の他者に出会うという根源的な経験です。目に見える現在の世界を生み出したその源はすでに過去になっているので、現在においては不在であるそういう源に耳を傾けることを「学び」というのです。

その際、注意すべきことを付言します。その先行者が現在において目の前にいるなら、不在ではないと考える人がいるかもしれません。しかし、そうではありません。目の前にいるのは年老いた親であって、当時の若かった親ではないからです。当時の先行者はいまここにおいて不在であるというのは、若かった親は過ぎ去って現在いないということです。不在というのは、死者になったからということだけではありません。「孝」のためには、子どもであった「私」が大人に成長するという時間がどうしても必要だと述べました。しかし、そもそも同時に、若かった先行者そのものが老いて死にゆくという時間がどうしても必要だということです。不在の他者に出会うということは、死者だけのことではありません。

以上のことは、「仁」の理解を深めることになります。「孝」を歩み尽くすとき、それは「仁」に至るというのが、『論語』の思想です。

第三節　「喪」が「仁」へ押し出す

「父母が生きているときは、礼によって仕え、亡くなったときは礼によって葬り、亡くなった後は礼によって供養する」（為政第二、五）。

＊孝から仁へ至る

前節では、「孝」、そして「仁」に至るための準備として、「子をもって知る親の恩」という諺を取り上げました。そして、子育てと「孝」が重なる点について述べて来ました。両者が重なる点がどこかと言えば、それはどちらの実践も、親の愛を知るということでした。力点をおかなくてはならないのは、私の「身体」は、家に迎えいれてもらってきたので、死なずにここまで来られたということです。親の愛が、私の存在に先んじているのであって、私の活動の条件であるということを、「言葉」によってではなく、実践によって、つまり「身体」を通じて、学ぶということです。

この出発点さえしっかり学ぶことができれば、後はすべてここから溢れ出てくるはずです。

つまり、孔子が『論語』で説いた「仁」が生まれてくるということです。

では、なぜ孔子は、子育てではなくて、「孝」を「仁の本」にしたのでしょうか。もちろん、子育てと「孝」は、決定的に違います。そもそも、「孝」は、子どもではなく、親に応接することです。そういう「孝」の核心は、どこにあるでしょうか。

「孝」について、孔子は、弟子の樊遅《はんち》から質問されて答えています。それが本節の冒頭の引用です。繰り返しますと、「父母が生きているときは、礼によって仕え、亡くなったときは礼によって葬り、亡くなった後は礼によって供養する」（為政第二、五）。「礼」については、序章の第二節で述べましたが、その本質は「敬意」です。したがって、「敬意」をもって、父母に応接することが述べられているわけです。その際、「孝」を三つの時期に分けています。「父母が生きているとき」、次に「父母が亡くなったとき」、最後に「父母が亡くなった後」。

＊どこで孝が仁に移行するのか

注目すべきことは、「孝」について述べるとき、孔子が必ず「親が亡くなった後」のことまで忘れずに書き記していることです。忘れずにというより、それなしには「孝」がそもそも成立しないものとして必ず書き留めています。この「親が亡くなった後」の時期は、「孝」のたんなる付録ではないのです。「父が生きているときは、父の志を見るのがいい。父が亡くなれば、父の行いを見るのがいい。三年の喪が明けるまで父の道を守れば、それは孝と言える」（学而第一、十一）。あるいは「三年の喪が明けるまで父の道を守れば、孝と言える」（里仁第四、二十）。喪について、何度も言及しています。

「仁」の根本は、「孝悌」が「根本」でした。「孝」を実践していくことが、「仁」を為すことになるのでした。それが「仁」に至るということです。そうであるなら、「孝」がどこかのある時点で、「孝」から「仁」になるということです。では、どの時点でそうなるのでしょうか。結論から言えば、それが「父母の喪」の時点であるということです。

加地伸行氏は、『儒教とは何か』で、「孔子は死の実感を通じて孝の生命論を自覚した」（p.69）と述べています。ここで「死の実感」とは、孔子が十代後半に経験したであろう「母の死」のことですが、加地氏によると、儒教とは親の死を通じた「孝の生命論」として成立したもので、儒家思想の代表としての「仁」はそこから導き出されたものということになります。

ここで、この章の冒頭の「不仁」に戻ります。父母の喪に対する不満を、孔子が「不仁」

と断言していました。なぜ、それが「不孝」ではなくて、「不仁」になるのでしょうか。それは、「孝」は「孝」であるのだけれど、「父母の喪」の時点で、「孝」であると同時に、決定的に「仁」になる。だから、父母の喪に対する不満は、たんに「不孝」であるのではなく「不仁」になるということです。孔子はそう述べているわけです。

＊死すべき身体が鍵になる

このことの意味は根本的です。「仁」は「身体」に宿ると述べました。しかし、「仁」が「仁」になるのは、その「身体」が死すべきものであることまで踏破しないと、「仁」にならないということだからです。「孝」は父母の身体の死に対する喪までを必ず含みます。そして、そのことによって「孝」は、はじめて「仁の根本」になるということです。

子育ても、「孝」も、親の恩を身をもって知ることになります。しかし、いっそう知ることになるのは、おそらく「孝」によってです。なぜなら、その親が死ぬことによって、親の恩が私の身体にいっそう息づくことになるはずだからです。というのも、親の身体が亡くなった後は、親の身体の証は、私の身体のうちに息づく親からの愛しかないことを知るはずだからです。

そして、親の死を経て、ここから私は、私の身体に息づく愛を、他者への愛として育てることになるはずです。そうしないと、私の身体も死すべきものである以上、私の死によって親の愛も消滅してしまうことになるからです。私の身体に息づく親の愛を無に帰さないためには、私が生きている間にその愛を他者の身体に受け取ってもらわなければなりません。私の身体は、父母の愛を絶えさせるためではなく、それを引き継ぐべきことのうちにあるはずです。なぜなら、私の身体が大切なのは、私の所有物ではなく、親の愛の賜物だったからです。

子育てと「孝」が「親の恩」を知るという点で重なることについて、述べてきたわけですが、「孝」の方が「親の恩」を知ることになるのは、以上のように「孝」が親の死を見送るという「喪」の経験までを含むからです。

＊受け取ってしまったことが起点となる

贈与された父母の愛を、私の身体は、今度は贈与する主体として、他者へ引き渡す実践に向かうことになります。そういう他者への愛、「人を愛すること」、それが「仁」です。「孝」が「仁の根本」（源）であるのは、「孝」が親から贈与された愛を学ばせ、さらに親が亡くなることまで経験することによって、今度はそれを引き継ぎ、次の他者に愛を贈与することへ導くからです。

「仁」は「人を愛すること」ということであり、主体的な実践です。「仁」は、「人から愛される」という、受け身のあり方では決してありません。その限り、「仁」は確かに愛を贈与することです。しかし、その愛の贈与がそもそも可能なのは、実は「身体」として愛の贈与をすでに受けとってしまっていたからです。ですから、「仁」の生命は、そういう愛の引き継ぎのうちにあるはずです。

「仁の本」が「孝」であり、かつその「孝」が親の「喪」を経ることを不可欠の条件にしているのは、自分に先行するものへ遡行し、その学びから愛を引き継ぐことこそが「仁」の核心にあるからです。そのことを孔子が明晰に意識しているからこそ、「孝」が主題になるのです。そうでなければ、なぜ「孝」が「仁」の根本として主題になるのか理解できません。

＊ 孝が先か、仁が先か

しかし、奇妙なことに、引き継ぎという意味で、「仁」を解釈することがありません。実は、繰り返し引用している「孝悌が仁の本」については二通りの読みがあって、一つは「孝悌」が「仁の本為《な》るか」、もう一つは「仁を為《おこな》う本か」です。この読み方の違いによって、解釈にも違いが出てきます。子安宣邦氏の『思想史家が読む論語』(p.44～48)にしたがってまとめると、前者の代表は仁斎で、「孝行は人間至上の徳」であって、これを育てれば「仁」になるという解釈です。後者の代表は朱子で、「仁」とは人間にもともと備わっている道徳性のことで、「孝悌」は「仁」が大事な一歩(本)の行為として現れたものだという解釈です。仁斎と朱子をわかりやすく対比すれば、仁斎は「孝悌」から「仁」へ、逆に朱子は「仁」から「孝悌」へ、となるでしょう。ちなみに、吉川幸次郎氏は『論語』で、「孝悌、すなわち家庭における善意というものは、仁、すなわちひろく人間に対する善意の根本である、といってよいであろう」(p.21)と述べています。吉川氏は仁斎の説になるでしょう。「孝」が先か、「仁」が先か、の違いは無視できないと考えますが、宮崎市定氏の『現代語訳 論語』では、「仁」は実践的なものなので、どちらが先かは問題にならないという立場もあります(p.5)。

＊ 孝と仁とを切断する解釈

「孝」と「仁」の関係は、本書の要の部分であり、他の説と比較することで本書の独自性が明確になるので、もう少しご紹介します。小倉紀蔵氏は『新しい論語』で、「ここでは孝悌じたいに〈いのち〉の輝きをみとめるのではなく、孝悌を秩序維持という目的のための手段としてしまっている」（p.241）と述べ、これは孔子ではなく、弟子の有子の思想だとして批判しています。小倉氏によると、「仁は〈あいだに立ち現れるいのち〉」（p.243）だという解釈から、「仁とは偶然性、偶発性なのである」（p.71）としています。「孝」と「仁」を切断する立場と言えるでしょう。

湯浅邦弘氏の『論語』では、「孝は単なる『私』の倫理ではなく『公』的な意義をもつ」とし、『孝経』の「開宗明義章」に「孝は（中略）身を立つるに終わる」を引用して、「孝」の最高段階は「立身」であると述べています。「立派な人間になれば、それによって親や君主を顕彰できる」（p.195）からだと。しかし、「孝」のまとめとして、「立身」をあげ、それが「私」から「公」への道筋になるというのは、どうでしょうか。それは逆に「孝」を「私」のうちに閉じ込めてしまうことにならないでしょうか。「孝」と「仁」とのつながりは切れてしまうのではないでしょうか。

＊ 仁は先行者から愛を引き継ぐ

本書は、仁斎のように、「孝」を「仁」よりも先に位置づける解釈です。しかし、仁斎と違うところは、「孝」の本質を先行者への敬意とし、「仁」という他者への愛は、先行者からの愛の引き継ぎを源にするという点です。仁斎が「仁」を博愛という空間的な普遍性に力点をおいたとすれば、本書はその普遍性を立ち上げるための、一方的な贈与のうちに「仁」の本領があるという解釈です。先行者の存在を敬意をはらって認めるかどうかが「仁」の成立にとって決定的であると考えます。「孝」が「仁」に先んじるという解釈です。そのことによって、「仁」が空間的な平等性を超え出て、それの手前にある「仁」の力動性を「身体」の時間軸に基づいて明らかにできると考えるからです。

贈与の引き継ぎということと無関係に「仁」を解釈するものばかりです。なぜなのでしょうか。一つには、「仁」の絶対的な価値を確保したいからではないでしょうか。朱子の解釈はそういうものでしょう。「仁」は『論語』における絶対的な中心です。引き継ぎというと、「仁」がすでに先行しているものに条件づけられてしまうという恐れがあるからではないでしょうか。「仁」を絶対的な出発点にするとき、朱子の解釈になるでしょう。あるいは、「仁」を「孝」から切り離して、取り出したいという理由も考えられます。「仁」を、封建道徳として手垢のついた「孝」から説明すれば、汚れてしまうからです。あるいはまた、「身体」経由で「仁」を理解すると、「仁」の価値が低下するのではないか。西洋哲学の伝統にしたがえば、「身体」は蔑視されるべきものでしたから。

しかし、まさに「仁」を贈与の引き継ぎとして解釈することこそ、『論語』の真意を受け継ぐことになるというのが、本書の解釈です。実際、『論語』の思想の核心として「身体」を肯定するならば、「孝」と「仁」を切り離すことはできず、かつ「孝」から「仁」へという道筋こそ『論語』の思想であると考えます。

＊ フロイトの喪は対象を打ち倒すこと

「孝」を完成させる「喪」について、西洋の「喪」と対比してみると、いっそう引き継ぐという「仁」の意味が際立ってきます。なるほど西洋哲学では、まず「喪」は主題になりません。なぜなら、そもそも「身体」が切り捨てられているからです。ただ、フロイトが「喪の作業」について取り上げています。しかし、フロイトの「喪」は、孔子の「喪」とは正反対です。フロイトの「喪」は、儒教になじんだ日本人からすれば、そのすさまじさに驚かされるのではないでしょうか。

フロイトは、『喪とメランコリー』で、次のように定義しています。「喪は、対象の死を宣告し、生き残るという報奨を自我に差し出すことによって、自我をして対象を断念する気にならしめる。それと同様に、個々の両価性の闘争はいずれも、対象の価値をないものとし、その品位を貶め、いわばそれを打ち倒すことによって、対象へのリビードの固着を緩める」(p.292)。ここには、「喪」が人を愛するという「仁」を成立させる契機は微塵もありません。愛を引き継ぐという意味が全くありません。なるほどフロイトにとっても、「喪」は「対象の死」を「宣告」します。しかし、ここからが決定的ですが、それは「対象の価値」を「ないもの」にさせ、その「品位」を「貶め」、「打ち倒す」ことだというのです。しかも、それができるのは、「生き残るという報奨」を上位におくことによってです。亡くなった人（対象）と私（自我）は、恐ろしいほど対立関係にあります。「両価性の闘争」のうちにあるわけです。そして、「喪」は、生き残る私が亡くなった人を「打ち倒す」ことなのです。

しかし、『論語』は全く違いました。「孝」における「喪」は、子どもが親を打ち倒すことではありません。親の「品位」を「貶める」ことでもありません。逆に、親に「敬意」をもって応接し、親の愛を引き継ぐことでした。

＊ 孔子とフロイトの喪は正反対

フロイトは、同じ論考で「喪」が「対象の喪失を克服する」仕方を次のように述べています。「生きていることから受け取るナルシス的な満足の総計を考慮に入れて、無に帰した対象への自らの拘束を解除する」（p.289）。たしかに、亡くなった人への固着が強いために、それ以外の外的世界への関心が失われ、生きることが難しくなる場合、その固着を緩めなければなりません。フロイトによるその方法は、「無に帰した対象」を切り離し、「生きていることから受け取るナルシス的な満足の総計」に向かうことです。フロイトは、亡くなった人と生き残った私のあいだに切断線を入れよと述べているのです。興味深いことですが、フロイトの喪は、愛されなかったがゆえに「不安」のうちにある子が、破局的に、親に対してする行動の一つとも言えます。

しかし、「対象の喪失を克服する」仕方は、別の道があります。切断しない道、それが孔子の喪です。亡くなった人の愛を切り捨てるのではなく、逆にそれを私が受け継ぎ、それを次の他者に引き継いでもらうという道です。亡くなった人の志を受け継ぐのは私であると覚悟することによって、はじめてその喪失を克服できるということが、孔子の道です。「三年の喪が明けるまで父の道を守れば、孝と言える」は、フロイトの言う「喪」（切り捨て）とは、まさに対極にある道です。そういう道の根本にあることを掬い上げると、それが「仁」になります。そして、その「仁」に至る道筋が、「喪」を経た「孝」です。

子育てと「孝」について、先ほど述べました。そもそも子育ての意味がいっそう切実になるのは、親の身体が亡くなることを、身をもって経験する「孝」を経ることによってであるはずだと。なぜなら、「孝」によってこそ、親から受け取った愛を切り捨てるべきものとしてではなく、今度は私が次の他者に愛を受け取ってもらうべきものとして、いっそう切実に、私の身体に堆積した愛に気づくことになるはずだからです。子育てというものは、「孝」を経ることによってこそ、その必然性が身に滲みるのではないかと思います。先人たちを見送り亡くなったことを喪によって切実に遡行するなら、その先人たちの志を未来の子どもたちの世代へ引き継ぐことは、痛切な課題になるはずだからです。「責任」とは、引き継ぐべきことがあるときにだけ生じるものです。

＊身体の時間軸に寄り添う

「身体」に遡行するとは、「身体」の出生から死に至るまでのすべてを歩まなければなりません。そのすべての過程に寄り添うことができたとき、「仁」に至ることになります。だから、「孝」は「喪」を必ず含むのです。そして、「喪」を経ると、これから生まれてくる他者への渇望が否応なく生まれてくるはずです。というのも、「仁」とは、切断ではなく、引き継ぎのうちに生命があるからです。

もちろん、「仁」は、自分の父母や自分の子どもに対する愛だけではありません。そうではなく、「人を愛する」ことでした。また、「愛する」ということも、家のなかに迎えいれるということだけではありません。

しかし、父母の身体の死を経験することは、「人を愛する」ということを、深く学ばせることになるだろうと思います。「仁の本」が「孝」であるのですから。

第二章

「身体」と「安らかさ」

はじめに

「自分を修養して万民を安らかにすることだ。自分を修養して万民を安らかにするということは、〔聖天子の〕堯や舜でさえも苦労された」（憲問第十四、四十四）

＊引き継ぐ思想と打ち倒す思想

前章では、「身体」の出発点は、父母からの「愛」であるということを取り上げました。「身体」は家に迎えいれてもらって、はじめて息づくことができます。そして、この「身体」なしには、そもそも人は考えることも働くことも所有することもできません。「私」の存在条件は、迎えいれてもらうこと、父母からの「愛」であるということです。

そして、『論語』の中心にある「仁」の生命は、その「愛」を引き継ぐことのうちにあるということです。というのも、「仁の本」が「孝」であるからです。そして、「孝」は、「喪」を経る以上、引き継ぐことを明確に意識しないと完結できないものだからです。

『論語』の基盤は、先行者という他者からの愛を受け取ってしまったというところが「私」

の出発点であるということです。別の言い方をするなら、「私」が「私」を支えるのではないということです。「身体」に照準を合わせると、そうなります。これは、西洋哲学の伝統を根こそぎにします。

西洋哲学の伝統は、プラトンが主張するように「身体」蔑視にありました。「私」の存在根拠（出発点）を蔑視して、いったいどうしようというのか、不気味さを禁じえませんが、しかし、もしも不気味さを感じないとすれば、それはおそらく自分の傲慢さに全く気づいていないからです。「私」という「意識」が出発点になれて、有頂天になっているので、自分の傲慢さを忘れているのです。そして、「私」は誰の世話にもならずにここまで来たと慢心しているのです。この傲慢さは、他者支配と一体になっているものなので、傲慢さと「不安」も表裏一体と言えます。なぜなら、不安な人は、他者への敬意を見失い、支配へ向けて攻撃的になりやすいからです。

＊ 無意識の不安による見せかけの主体性

先ほどのフロイトの「喪」からも明らかですが、西洋哲学の伝統には、先行する対象を「打ち倒す」ことこそ人間の主体性であるという主張があるように思います。自分を起点にするとは、このことです。しかし、この主体性は「不安」に操られていることを知らずに操られているわけですから、操り人形の主体性と言うべきものです。ほんとうの主体性は、「身体」に敬意をはらい、自分の出自を遡行するところから生まれるはずです。先行者からの愛を受け取ってしまったという根源的な受動性の自覚こそが主体性を生み出すのです。というより、主体性とは、傲慢さをふりほどくときに、発揮されるべきものです。換言すれば、迎えいれられたという根源的な受動性に至ろうとする只中でこそ、まずもって主体性は立ち上がるべきものです。

なるほど「私」が「私」を支える、「私」が出発点になるという思想は、立派なことであると思われがちです。あるいは、人との煩わしい関係性がなく好都合であると思われるかもしれません（見かけの主体性に騙されて）。しかし、決定的な落とし穴があるのでした。なぜなら、何度も繰り返し述べているところですが、それは、つながり（関係性）を切断する（根源的な受動性を断ち切る）ことである以上、「不安」と表裏一体だからです。「生き残る報奨」を「私」が手に入れるということは、裏を返せば、そうしないと「不安」が解消できないからです。だから、必死だということです。「報奨」を得られたらラッキーというような暢気《のんき》な気持ちではないのです。一見余裕がありそうに見えたとしても、一皮めくれば、崖っぷちの人が必死で「生き残る報奨」をもぎとろうとする行為であるということを見失わないようにする必要があります。無意識の「不安」に操られている以上、歯止めのない「支配」の暴走という危険性を常に伴っています。「支配」のすさまじさは、このことを前提にしないと理解できないのです。

＊ 万人の万人に対する闘争

しかも、そういう「不安」な人が溢れかえる社会では、お互いが「生き残る報奨」を奪い合うことになるでしょう。他者から奪ってでも「不安」から逃走する必要があるからです。西洋哲学の「不安」と「支配」が表裏一体であるという視点は、そういう社会全体のありようにまで広げて考える必要があります。

実際、「身体」を蔑視して「私」を出発点におく思想は、他者支配に駆り立てられた人たちの奪い合いを不可避的にもたらします。ホッブズの「万人の万人に対する闘争」がすぐ思い浮かびます。そして、この闘争の出口は、「支配」構造の完成しかないはずです。プラトンの「国家」、ホッブズの「リヴァイアサン」、ロックの「統治論」、ヘーゲルの「国家」は、「身体」を蔑視して「私」を出発点におく思想ということになるでしょう。

これに対して、『論語』は、「私」という「意識」を出発点におく思想の外部に出るのです。閉じた空間の内部で、「支配」を完成させるのではなく、この空間の外部へ超え出ていくのです。「身体」を肯定するということは、時間的な遡行と未来への超出における他者とのつながりの思想だからです。

＊不安による争いの空間から離れる

第一章で、「仁」とは「身体」を肯定する思想であることを述べました。「身体」に照準を合わせるとき、「私」が出発点になるということはありえません。「私」が出発点だということは、つまり、「私」が「私」を産み、「私」が「私」を育て、支えてきたということですが、そんなことは「身体」において妄想以外のなにものでもありません。しかし、「身体」を蔑視し忘却してしまえば、それがどれほど不気味で傲慢なことであっても、「意識」には可能になります。そして、この「身体」への蔑視が無意識であるほど「不安」に駆り立てられ、「支配」が強烈になるはずです。

それに対して、「身体」に照準を合わせ、過去に遡行し、それを引き継ぎ、未来へ渡すところまで見通すとき、「不安」と「支配」から離れることができるはずです。そして、そのとき、法による支配、平等性による調停よりも、もっと根源的な「仁」に至ることができます。法や平等性といったものは、空間内部での支配に基づくただの調停にすぎませんが、「仁」は根源にまで遡行することによって、この閉じた空間を解き放ちます。

「身体」は、たんなる空間的な「物体」ではなく、具体的な時間の堆積です。西洋哲学の伝統に連なる、対象を「打ち倒」して「生き残る報奨」を「私」が手に入れるという思想、そしてその苛烈な奪い合いの調停としての法を、それらの根源にまで遡行してみたいと思います。そこへと至る道筋を、この第二章で辿ります。ここでも、西洋思想と『論語』を対比しながら、歩みたいと思います。

第一節　「不安」は「支配」へ向かう

「子貢《しこう》が人を比較し批評していた。先生が言われた、『賜《し》（子貢）は賢いんだね。まあ私などにはそんな暇《ひま》はない』と」（憲問第十四、三十一）

＊プラトンは身体を侮蔑する

「身体」なしには、そもそも考えることも働くことも所有することも、できません。そして、そういう「身体」に照準を合わせると、「仁」という生命感情を自然に肯定することができます。『論語』はそういう「身体」に基づく思想です。しかし、その「身体」を蔑視する思想があるのでした。

西洋哲学は、プラトンをぬきに考えることはできません。なぜなら、伝統的な西洋哲学は、プラトンのイデア論に発しているからです。そして、あまりに名高いイデア論とは、「身体」の蔑視から生まれるものです。イデア論と身体蔑視は、見事なまでに対になっているのです。プラトンほど「身体」を蔑視している哲学者は存在しないのではないでしょうか。それほど徹底しています。

イデア論が一気に開花したと言われる『饗宴』では、「愛の道の極致」をこう述べています。「常住にあるもの、生ずることもなく、滅することもなく、増すこともなく、減ずることもない」ものを「観得する」(p.133)。この「常住にあるもの」が「イデア」のことです。プラトンによれば、それを「認識する」ことによって「人生は生甲斐がある」(p.134)ものとなります。

プラトンは、「愛の道」を歩むためには「エロス以上の好き助力者を見出すことは容易ではない」（p.135）と言います。しかし、この「エロス」という神は「老齢から大急ぎで逃げ去る」のであって「永遠に若い」（p.95）とされます。ですから、「イデア」を認識するためには、「食いもせず飲みもせず」、「老齢から逃げ去る」ことが必要なのです。したがって、食べたり飲んだり、老化する「身体」は、敬意の対象ではなく、蔑視の対象になるでしょう。もう一つ確認しておきたいことは、「愛の道の極致」にあるのは、実践ではなく、「認識」であるということです。プラトンによれば、「認識」さえできれば「人生は生甲斐がある」のです。実践する「身体」はかえって邪魔になるでしょう。

＊プラトンによれば身体は牢獄

プラトン中期の代表作『パイドン』は、「魂の不死」を論証するために書かれているので、「身体《ソーマ》」への侮蔑がいっそう過激になります（翻訳書では、「肉体」と訳されていますが、「身体」にしています）。「身体は、それを養うことが避けられないために、無数の厄介をわれわれに背負わせるのだ。さらに、もしもなにかの病がわれわれを襲えば、それはわれわれの真実在の探求を妨害するだろう。身体は、また、愛欲、欲望、恐怖、あらゆる種類の妄想、数々のたわ言でわれわれを充たし、そのため、諺にも言われているように、われわれは身体のために、何かを真実にまた本当に考えることがけっしてできないのである」(p.35)。

プラトンは、「身体」を「養うことが避けられないために、無数の厄介をわれわれに背負わせる」と言います。そして「われわれは身体のために、何かを真実にまた本当に考えることがけっしてできない」と。つまり、「身体」を「養う」ことは面倒くさく「無数の厄介」を背負わされることになるから、「身体」なんか消滅してしまえばいい。そして、「身体」がなくなれば、嬉しいことに「真実にまた本当に考えること」ができるようになる。「身体」であることは、まるで災厄そのものなのです。それがプラトンの主張です。

しかしこれは、不気味で恐ろしい主張ではないでしょうか。まったく本末転倒しています。なぜなら、レヴィナスの言うように、そもそも「身体」が出生して、その後はじめて「考える」ことができるようになるからです。「考える」という営みは、それが身体を養うどころか、そもそも逆に、身体によって養ってもらっているのです。プラトンのこの不気味な自惚れは、現代における自然を保護して(養って)やっている、という自然保護にも通底しています。しかし、真実は、自然の方こそが先行者として、人間を養ってくれているのです。自分の位置を完全に見失っているのに、そのことに気づいていない様子には不気味さを感じます。

「われわれは身体のために、何かを真実にまた本当に考えることがけっしてできない」とプラトンは言います。けれども、真実はまったく逆で、「真実にまた本当に考えること」ができるようになるためにこそ、「身体」を土台としなければなりません。「身体」という土台を無視して「考える」ときに、「あらゆる種類の妄想、数々のたわ言」が次々に現れて暴走し、それが人間を破壊するのです。

＊ プラトンは死んだ後でも他者を批評したい

しかし、『ソクラテスの弁明』によると、「哲学者の魂」は、「身体を最高度に侮蔑し、身体から逃亡し、まったく自分自身だけに成ろうと努力する」（p.33）ということになります。「死は一種の幸福であるという希望には有力な理由がある」（p.66）と言います。それどころか「少なくとも私は幾度死んでも構わない」（p.67）と言い、その理由をあげますが、「なかんずく最も重要な事は、あの世でもこの世と同じように、人々を試問したり吟味したりして、その中の誰が賢者であるか、また誰が賢者顔をしながら実際そうでないかを確かめることを己が業として暮らし得るだろうということである」（p.68）と明言しています。

プラトンによれば、「身体を最高度に侮蔑」するわけですから、「死は一種の幸福」になります。そして「幾度死んでも構わない」のは、「あの世でもこの世と同じように、人々を試問したり吟味」できるからだというのです。しかも、それが「なかんずく最も重要な事」であるとして強調しています。「この世」でも「人々を試問したり吟味」して暮らしているのですが、それだけでは足りないから「あの世でも」そうするというのです。「あの世でも」それができるから、「幾度死んでも構わない」と言い放ち、だから「己が業」であるということになります。いったい何と言う思想でしょう。

＊ 孔子には人を批評する暇はない

このプラトンと対照的なのが、本節冒頭の文です。「子貢《しこう》が人を比較し批評していた。先生が言われた、『賜《し》（子貢）は賢いんだね。まあ私などにはそんな暇《ひま》はない』と」。弟子の子貢が、「人を比較し批評」しているのを見て、孔子が窘《たしな》めています。孔子は、あれこれ人のことを批評する暇があるなら、まずもって自分のことを顧みる方がよほど大切ではないのかというわけです。

一般にひとは、自分のことは棚に上げて、他人を批評しがちです。そして、他人のことをあれこれおしゃべりすることに没頭して盛り上がります。もちろん、プラトンは、そういうゴシップ記事に群がる人々とは違うでしょう。けれども、「あの世で」でさえ、「人々を試問したり吟味」することを「己が業」にするというのは、プラトンの言う「考える」ということがどういう方向性をもっているのかを示唆してくれています。プラトンの哲人王とは、理想的な支配者のことです。理想の国家は、他者への支配に向かうのです。孔子は、この支配とは逆の道を歩みます。

自分自身の至らなさに謙虚に向き合う道か、他者の至らなさへの批評に向かう道か。この違いは決定的です。実は『論語』には、なんと計四回も繰り返される文があります。正確には同一の文章ではないのですが、しかしほぼ同じ内容の文章が次のごとく繰り返されます。「人が自分を知ってくれないことを気にかけないで、人を知らないことを気にかけることだ」（学而第一、十六）。「自分を認めてくれる人がいないことを気にかけないで、認められるだけのことをしようとつとめることだ」（里仁第四、十四）。「人が自分を知ってくれないことを気にかけないで、自分に才能のないことを気にかけることだ」（憲問第十四、三十二）。「君子は、自分に才能のないことを気にして、人が自分を知ってくれないことなど気にかけない」（衛霊公第十五、十九）。

＊人を批評する前に、自分を点検せよ

四回も念を押すという入れ込みようです。これが孔子にとってどれほど大切なことであるかが伝わってきます。そして、「仁」は孔子の教えの中心でした。ということは、「仁」の内容を根底から支えている大切な思想がここにあるはずです。「仁」とは何かを理解するとき、鍵になる意味がここにこそあるはずです。

この内容の中心にあることは、「自分」のことをまず気にせよということです。もちろん、「自分」のすばらしさを自慢しろということではありません。そうではなくて、逆に、まずもって「自分」の足りないところに注意を向けよということです。だから、他者に対して、いちいち批評している暇なんてないんだよ、というわけです。「人」に文句を言う前に、まずもって「自分」の行為を点検せよということです。四回もこれだけは肝に銘じなさいと孔子が言っているのです。

＊人を批評すると不安から目を逸らすことができる

人が不安に陥っているとき、その不安を解消するいい方法があります。一つは、他人の話題に熱中することでしょう。我を忘れて、それに熱中できれば、自分の不安はそのあいだは

吹き飛んでいるはずです。人を比較し批評することは、そういう効果があるでしょう。場合によっては、人に文句を言ったり、攻撃的になることは、いっそう自分の不安から目を逸らすのに役立つはずです。人を批評したり、文句を言い放っているとき、自分自身の不安はきれいにすっかり忘れているはずです。それどころか、人を批評できるほどの自分、文句を言えるほどの自分はなかなかなものじゃないかとご満悦の態でしょう。ファシズムやポピュリズムの有力な発生源の一つをここに見つけることができます。

これをちょうど逆転させるのが、『論語』で四回も繰り返された内容の核心です。「人」を批評する暇があったら、「自分」の至らなさを点検せよと。そうした「人」と「自分」との関係性は、「仁」の核心を見事に述べています。

プラトンは、「人々を試問したり吟味」する道を歩みます。それは「己が業」であると。それに対して、孔子はそんな暇はない、「人を比較し批評」する暇はないのであって、逆に、まずもって「自分」こそが「人を知らないことを気にかけることだ」という道に向かいます。

以上のような、孔子とプラトンの決定的な違いは、いったいどこから来るのでしょうか。「身体」に関して、この二人の認識には天と地の違いがあるのでした。孔子は、「身体」を父母の愛の賜物（祝福されているもの）とみなしましたが、それに対して、プラトンは「身体」を最高度に侮蔑し、災厄であるとみなすのでした。

＊身体侮蔑と不安

先ほど、自分の不安から目を逸らすために人への非難に向かうことは、有効な方法の一つであると述べました。「人々を試問したり吟味」することに熱中するのは、おそらく「不安」だからではないでしょうか。では、なぜ「不安」かと言えば、「身体」を侮蔑しているからだと思われます。「身体」を切り捨てるとき、つながりが切れます。だから、孤立し不安になるのです。喪で述べましたが、フロイトも他者とのつながりを切断するのでした。それが生き残る道だというのがフロイトの立場でした。しかし、おそらくいっそう「不安」を招くことになるでしょう。

孔子によれば、「身体」には父母の愛が堆積しています。「仁」とはそういう「愛」の引き継ぎとしての生命感情でした。ですから、「身体」は、引き継ぎを可能にする条件としての、つながりそれ自体なのです。プラトンは、その「身体」を切り捨てるのでした。そこからどういうことが起きるのかと言えば、それが「不安」でしょう。しかし、切り捨てずに、逆にそういう「身体」から学ぼうとするなら、「不安」にならないはずです。なぜなら、「身体」

に遡行することは、まず父母の愛が身に滲み、全き弱き存在である「身体」において具体的なつながりを確認することになるはずだからです。「身体」に宿る、「自分」に先行する無限の系譜を遡行することは、さらなる先行者からの愛を学ぶことになるでしょう。ですから、遅れてやってきた「自分」の足りなさに気づくことは、「不安」になることではないのです。逆です。つながりを遡行することになる以上、「不安」を遠ざけることになるはずです。「身体」からの学びがまずもって「悦び」であるのは、そのためです（遡行する悦びではなくて、未来につなぐ悦びと責任については第三節）。

＊ハイデガーの自己は不安

ハイデガーは、主著『存在と時間』で、「不安」を人間の「根本的心境」（上 p.388）であると定義していますが、これはキルケゴールを下敷きにしているものです。ひとは「世間話、好奇心、曖昧さ」（上 p.372）の中に「自己喪失」するのですが、それはこの「不安」から逃亡するためであると述べています。さらに、ハイデガーは、そういう「自己喪失」から本来の自己（不安な自己）を取り戻すべく「良心の呼び声」を取り上げます。その「呼び声」が告知していることは次のことです。「それは、現存在が──おのれの無的な投企の無的な根拠として、おのれの存在の可能性のなかにふみとどまりつつ——世間への自己喪失からおのれを自己自身へと連れ戻すべきであるということ、その意味で、現存在に《負い目あり》ということなのである」（下 p.137）。

「呼び声」は「不安」から逃げずに、向き合えというのです。ですから、ここには「不安」の正体が述べられていることになります。「おのれの無的な投企の無的な根拠として、おのれの存在の可能性」。これが不安の正体です。そして、そのように「とにかくある」という事実をハイデガーは「被投性」（上 p.294）と名づけています。「不安」になるのも、もっともだと思います。

おのれの存在が由来も帰趨もわからず、突然この世界に投げ入れられて「とにかくある」ことが「被投性」なのです。もちろんこれは、父母の愛とは何の関係もありません。というより、何の関係もないからこそ「おのれの存在の可能性」は、徹底的に「無的」なのです。「不安」にならないことの方が不思議なくらいです。そして、この「不安」から逃亡するために、人は「世間話、好奇心、曖昧さ」にのめり込むというわけです。プラトンが「人々を試問したり吟味」することと、ハイデガーの「世間話」とを同列には扱うことはできませんが、いずれにしても「身体」から離れることによる「不安」が背景にあるように思います。

＊他者の死と自分の死

さらに、ハイデガーによれば、「不安」は徹底すべき限りにおいて意味があります。つまり、「不安」は「死へ臨む存在」（下 p.31）を覚醒させるから意味があると言います。ほんとうに徹底しています。もちろん、この有名な「死へ臨む存在」というときの「死」は、「ひとごとでない存在」、つまり自分自身の「死」のことです。そして、これこそが、ハイデガーの求める「本来的時間」への通路なのです。言わば、徹底的に「不安」を引き受け、「おのれの無的な投企の無的な根拠」に向き合えということです。

それに対して、孔子が取り上げる「死」は、まずもって父母（先行者）の死です。自分の「死」ではないのです。「喪」が「孝」の不可欠の道程であることは、すでにみてきた通りです。孔子は、自分自身の死を主題にすることはありません。「おのれの無的な投企の無的な根拠」に向き合う自分の「死」など、孔子には思いもつかないことです。

他方でハイデガーも、孔子のように「近親者たち」（下 p.66）の「死」を取り上げますが、自分の死ではない以上、驚くべきことに「世間話」のなかに入れられてしまいます。ですから、父母の死であったとしても、それは「世間話」への「頽落《たいらく》」（下 p.63）ということになります。ハイデガーも孔子も、確かに「死」に向き合うのですが、しかし、その両者にとっては、まったく別の「死」です。

過去からも、未来に向けても、先行者とのつながりを切断すること、徹底的に孤立した自分自身に向き合うことこそが「本来的」であるとするのが、ハイデガーの立場です。それがどれほどの「不安」をもたらすことでしょう。ハイデガーがナチズムに共鳴してゆく理路を見届けることができるように思います。

＊身体への敬意があれば無にならない

孔子が進もうとする道は、全く異なります。孔子も自分自身に向き合って、学びを深めようとしますが、「身体」に敬意をはらうので、「無的な根拠」を噛みしめることにはならないのです。逆に、それは先行者への敬意に基づくつながりを深めることになります。ですから、ハイデガーのように「無的な根拠」に打ちのめされて「不安」になることはないのです。

自分の至らなさに向き合うことは、自虐的になることではありません。それこそが、学びを深める力なのですから。逆に、自分に至らぬ点などないと、うぬぼれて、傲慢になるほど、学ぶ必要を感じなくなり、さらには他者に向かって批評や攻撃をしかけることになります。そして、自分の位置を見失って、ますます「不安」になるのです。そうかと言って、ハイデガーのように、学ぶことが「無的な根拠」を自覚することになるなら「不安」は深まるばかりでしょう。というより、実は「身体」への敬意なしに学ぶとき、それ自体が傲慢なのです。でも、そのことに気づいていないので、結局さらなる「不安」を招くのです。

第二節　「仁」は「安らかさ」を与える

「国を保ち家を保つ者は、貧しさを心配するのではなく、平等でないことを心配する。貧しさを心配するのではなく、安らかでないことを心配する。つまり、平等であれば貧しいということもなく、和合すれば少ないということもなく、安らかであれば危険もなくなるものだ」（季氏第十六、一）

「政治で導き、刑罰で統制していくなら、人民は法網をすりぬけて恥ずかしいとも思わないが、徳で導き、礼で統制していくなら、羞恥心をもち、そのうえ正しくなる」（為政第二、三）

＊身体蔑視は他者への敬意を見失う

「身体」を切り捨てるなら、つながりのない孤立した「おのれの無的な投企の無的な根拠」が開示され「不安」を招く以上、そういう自分を凝視するよりも、そこから目を逸らすために「人々を試問したり吟味」することへ向かうことになるのではないかと思います。フロイト流に言えば、「対象を打ち倒す」ことへ向かうと。そしてそれは、いっそう争いを引き起こすでしょうし、したがって、ますますつながりを切断して「不安」になることでしょう。きれいに悪循環の中に陥っています。

それに対して、「身体」へ敬意をはらい、他者からの愛をそこに見出そうとするなら、どうでしょうか。それの引き継ぎの一項として「自分」の位置を見定めようとすることは、「不安」を招くどころか、逆に先行者とのつながりの結節点としての自分を深く感受することになるはずです。

「身体」を蔑視するとき、つながりが切断されるわけですから、一人一人が自分を出発点にして、自己保存のために他者を打ち倒すことへと向かうでしょう。そして、その闘争をどうやって上手に調停するのかということが、西洋哲学の主流にあるように思います。

プラトンに発する「身体」を蔑視する哲学が生み出す世界は、いったいどのような世界なのでしょうか。先ほど述べたように、「不安」な人間というものは、自分自身を見つめるのではなく、そこから目を逸らして、他人の批評へと向かうのでした。それは、たんに「自分」一人が「人々を試問したり吟味」することで終わらず、多くの人々がそうする事態にまで広がる宿命にあります。

＊プラトン「国家」の身体処分と血統による支配

プラトンは、そういう世界にあって、哲学者による統治支配を説きます。プラトンの著作は、対話で構成されています。しかし、対話とは名ばかりで、プラトンだけが握った真実が展開されていきます。対話篇の最高峰と言われる『国家』では、自らを「国家の建設者」（上 p.177）の位置におき、他者たちを格付けしていきます。「身体」を蔑視するとき、自分が出発点に立つことができます。そこから、他者を支配するあり方が導き出されていくことになります。

とりわけ戦慄すべきことは、支配者による「身体」処分です。『国家』の第五巻で具体的に述べています。「で、ぼくの思うには、すぐれた人々の子供は、その役職の者たちがこれを受け取って囲い［保育所］へ運び、国の一隅に隔離されて住んでいる保母たちの手に委ねるだろう。他方、劣った者たちの子供や、また他方の者たちの子で欠陥児が生まれた場合には、これをしかるべき仕方で秘密のうちにかくし去ってしまうだろう」（上 p.411）。プラトンは、「すぐれた人々」と「劣った者たち」を分類し、後者の子どもや「欠陥児」は、「かくし去ってしまう」べきであると言います。しかも、それは「秘密のうちに」しなければならないと。他者への敬意など、もうどこにも存在しません。

『国家』では、人間を「金・銀・銅と鉄」の「種族」に分類（上 p.280）していることが有名です。これらの「種族」は、プラトンが何度も「犬」を例に挙げているように最終的には「血統」によるものです。「素性のよい犬」「番犬」「羊の群れを守る補助者としての犬」「猟犬」などと繰り返し譬えています。

プラトン自身は、自分の不足している点や愚かな点に照準を合わせることを主題にすることはありません。身体を蔑視している以上、自分の不足している点を見つめることは「不安」を引き起こすからではないでしょうか。そこには目をつぶって、「血統」による「支配」を正当化し、「不安」を払拭する試みを『国家』において完成させたという解釈は、的外れでしょうか。

＊ 徳治主義と法

プラトンの戦慄すべき「血統」による「支配」を読み終えた後、『論語』を読むと、「仁」の奥行がいっそう明らかになってきます。本節冒頭の引用です。「政治で導き、刑罰で統制していくなら、人民は法網をすりぬけて恥ずかしいとも思わないが、徳で導き、礼で統制していくなら、羞恥心をもち、そのうえ正しくなる」（為政第二、三）。有名な徳治主義のことが書かれています。肝心なことは、血統による「支配」ではなくて「徳で導く」ということです。この「導く」は、まず人々を不安から解き放つことです。仁徳のある者が人々を不安から解き放って、「安らかに」することができれば、人々は「羞恥心」をもち、「正しくなる」方向へ進むと孔子は考えています。

孔子は、プラトンの「血統」による「支配」を認めません。「教育による違いはあるが、生まれつきの類別はない」（衛霊公第十五、三十九）、「生まれつきは似かよっているが、教育で隔たる」（陽貨第十七、二）というのが孔子の揺るぎない立ち位置です。徳治主義は、第一章第三節で述べたように、「身体」の時間軸に基づく教育観から派生してきたものです。「不安」から脱することが、「学び」と「教え」の中心にあって、「学び」と「教え」の同時性こそ「悦び」の源です。『論語』を貫くのは、そういう「身体」からの学びです。だから、

「支配」（攻撃性）は不必要であるというのが、孔子の道なのです。

他国である遄臾を攻め取ろうとしている季氏に対して、孔子は自国の人々を「安らか」にすることこそが肝心であると強調しています。「国を保ち家を保つ者は、貧しさを心配するのではなく、平等でないことを心配する。つまり、平等であれば貧しいということもなく、和合すれば少ないということもなく、安らかであれば危険もなくなるものだ」（季氏第十六、一）。

＊安らかさを照準する

「貧しさ」よりも、「平等でないこと」を心配すると、孔子は言います。「平等」は大切なことです。しかし、孔子にとって「平等」が中心的な問題ではないのです。孔子は、「平等」よりも「和合」、そして「安らかさ」ということへ進みます。その際、これら三つの中で、もっとも注意を向けているのは、「安らかさ」です。なぜなら、「貧しさ」や「少なさ」よりも、「危険」ということが、最大限に注意すべきことだろうからです。孔子が考えている順番を辿るならば、おそらく人は「安らか」であれば最大の「危険」を回避でき、それができれば「和合」しやすくなり、そうすれば「平等」へ近づくことができる、と。そして、そのときには「貧しさ」の問題も解決できると考えているはずです。人が求めるものは「安らかさ」であること、「不安」にさせないこと。そこへと、孔子は照準を合わせています。それは、「身体」に敬意をはらうところから、すべてを立ち上げているからです。命令や支配ではない、「身体」への敬意に基づくつながりによって、仁者は世界を構築するのです。「不安」にさせないことが根本的なことです。西洋哲学の伝統では、「不安」は素通りされ、「不安」と無関係に、平等や法や支配が前景に出てしまいがちですが、『論語』はそうではありません。「不安」が素通りされた「法」は、いくらでも抜け道をつくってしまうものです。それどころか巨大な犯罪ほど、「悪法」を制定してこそ可能になるものです。同様に、「平等性」も、「不安」を素通りされた場合、「悪法」のように、低い方へ落ちていくのです。

徳治主義とは、「支配」ではありません。治めることは「支配」のことではないかと思われるかもしれませんが、違います。なぜなら、すでに述べたように、他者を不安から解き放つことが徳治主義の核心だからです。そもそも法による支配とは別の道を、孔子は見定めているからです。まずもって自分自身が徳を身につけなければならないことを決してゆるがせにしないのは、そういう他者支配に向かうことがないようにするためです。

＊他者支配へ向かわないために

そもそも他者支配に向かってしまうのは、自分の不安に気づかずに、その不安に振り回されているからです。自分の不安にさえ気づかない人がどうして他者を安心させることができるでしょう。そもそも自分の不安に操られて、他者支配に向かっているのですから、他者の反撃をいっそう招き寄せることになり、自分も他者も、ますます不安に陥ることになります。自分の不安を解消するために他者支配しているのだという自分の愚鈍さに気づかずにいると き、他者のことをあれこれ心配しても、どうしようもありません。それどころか、争いの種を植えつけているだけです。しかも、もちろんそのことを知らずにそうしているのです。というより、自分の至らなさを素通りして、他者に向かうことを支配とよぶのです。ここをいつも意識しているか否かが、プラトンと孔子の決定的な違いです。

徳とは、まさに仁徳のことですが、生まれつき「金の種族」だけがもつ「徳」ではありません。「仁」は「身体」に宿る生命感情です。だからこそ、「孝」を為すことにおいて、「仁」を学ぶことになるのです。前節で、孔子は、他者への批評をする暇などはない、まず自分の不足しているところに照準を合わせるのだと、四回も繰り返し確認しました。これが「仁」の核心であるはずだと述べました。このことを抜きにして、徳治ということは不可能なのです。ここにこそ他者の不安を解き放つという「仁」の核心があります。徳治主義を支えるのは、まさにこの「仁」です。

＊ 仁とは自分の修養から始めること

弟子の子路が「君子」のことを尋ねたとき、孔子は次のように答えています。「自分を修養してつつしみ深くすることだ」。「それだけでしょうか」と問われ、「自分を修養して人を安らかにすることだ」。さらに「それだけでしょうか」と問われ、「自分を修養して万民を安らかにすることだ。自分を修養して万民を安らかにするということは、〔聖天子の〕堯や舜でさえも苦労された」（憲問第十四、四十四）。

ここで確認すべきことは、二つです。一つは、「自分を修養して」が必ず最初に来るということです。他者への批評が最初にくることはありません。他者への批評を自分の修養を抜きにして語ることなど断じてないのです。しかも、「自分を修養して」という文言を決して省略せずにそのつど四回も繰り返していることに、孔子の並々ならぬ思いを読み取ることができます。というより、ここが抜け落ちると、すべてが台無しになることを孔子が知っているからです。すなわち、ここが抜け落ちると、「支配」になってしまうからです。「仁」の基盤が崩れてしまうということです。ここが決定的な分岐点なのです。

自分を過去から切断し、自分を出発点にする者にとってならば、自分の至らなさを認めてしまうことは、致命的でしょう。そこから、どんな力も得ることはできないからです。出発点である自分が愚かであることを認めてしまえば、そこで終わりだからです。だからこそ、自分を出発点にする者は、血統において自分を「金の種族」とするのです。そして、そうすることによってしか、支配を正当化できないのです。

＊ 仁とは他者を安心させること

もう一つは、他者を安心させることに照準が合っていることです。実は、自分を修養することは、他者を安心させるためなのです。このことは、『論語』を貫く鍵です。それは「仁」そのものだからです。「仁」は他者を安心させることですが、そのためには自分を修養することこそが肝心であることを自覚している必要があります。なぜ自分を修養することが肝心なのかといえば、「仁」とは他者から贈与された愛の引き継ぎだからです。過去を切断して自分が出発点であると自惚れてしまえば、まさに切断であって、そこでもう「仁」は死んでしまうからです。過去を切断するときにこそ、「不安」を招くのでした。「不安」は、「仁」

からもっとも遠いところにあるものです。

引き継ぎの一項であるという自覚のうちに、「仁」は生命を吹き込まれるのです。その自覚に至るために、「修養」しなければなりません。そして、引き継ぐことができるためにも、自分を「修養」しなければなりません。過去から愛をしっかり受け取ることができなければならないからです。そして、「修養」しなければならないのは、さらにそれを次にしっかり手渡すことができなければならないからです。受け取り、かつ、手渡すという、そのどちらの実践においても、自分の力量がなければ無理です。これなしに、「仁」は無根拠で孤立した空虚な「徳」になってしまいます。そして、「孝」は引き継ぎを学ばせる一点において、「仁」の生命になるのです。自分を出発点にせず、過去からの贈与を受け取った自分から始めるものにとって、自分の至らなさを学ぶことは、致命的であるどころか、自分の位置を知り、引き継ぎを可能にするための不可欠の条件なのです。

第三節　「仁」は平等性（空間）の手前にある

「人々に過ちがあれば、責任は私一人にある」（堯曰第二十、一）

＊ 不安の正体を見すえる

ハイデガーは、「私」が「とにかくある」という事実を「被投性」（上 p.294）と定義し、その「不安」の正体を「おのれの無的な投企の無的な根拠として、おのれの存在の可能性」であると明らかにしました。ハイデガーの「不安」は、キルケゴールの「不安」を下敷きにしたものでしたが、「世代関係」を「量的な規定」に貶めていることに発していると言えます。そして、「不安」を逃れるために、ハイデガーは政治的にはナチズムへ、キルケゴールは神へ、それぞれ向かうことになります。

すでにキルケゴールの「不安」から西洋を貫通する思想を解釈できるのではないかと申し上げました。「不安」は「支配」へと人々を駆り立て、争いを引き寄せます。それをどのように調停するかが、西洋哲学の流れを決めているように思います。言いたいことは、西洋哲学の伝統は、「不安」の根源を見ようとせず、「不安」の結果が生み出す世界にだけ焦点を合わせているのではないかということです。したがって、世界の争いをどうするかが主題になるだけで、「不安」の根源をみていないので、争いはいつまでも終わらないだろうということです。つまり、「身体」を素通りしていることに、気づいていないということです。

＊ホッブズとロックも「私」を起点とする

ホッブズは、『リヴァイアサン』で、「諸政治国家のそとには、各人の各人に対する戦争がつねに存在する」（一 p.210）と述べ、「共通の権力」の必要性を説くわけですが、しかし、そもそもなぜ「戦争」や「争い」が生じるのかと言えば、「自然状態」が「平等」であるからという主張です。ホッブズによれば、「平等から不信が生じ」、「不信から戦争が生じる」のです。このとき、「不信」を、先行者なしの「平等性」から生じる「不安」と読みかえると、戦争への道筋が見えてきます。ホッブズにとって「自然状態」＝「戦争状態」ですが、その理由は「平等」から「戦争」が生じるからです。

ロックも、「自然状態」を「自由」と「平等」の状態であると述べていますが、ホッブズとは違って「戦争状態」と区別しています。しかし、その際注目すべきことは、「完全に自由な状態」の中に「自分の身体を処理することができる」（p.296）ことを含めていることです。ロックによれば「身体」は「財産《プロパティ》・所有物」（p.326）なのです。「私」が起点になって「身体」を支配しています。ここから「戦争状態」への移行は、あっという間でしょう。

ホッブズもロックも、「私」が起点になっている点で、どちらも西洋哲学の伝統に沿っていいます。「戦争状態」のない市民社会を構築しようとするならば、「不安」の根源をまず言い当てることが必要だと思うのですが、二人とも「不安」を主題的に取り上げることはありません。「不安」から逃げていることに気づかずに逃げているからだと思われます。「身体」は「所有物」にすぎないという身体蔑視が「不安」の根源にあるという道筋に、そもそも気づけないことが西洋哲学の底流にあると思わざるをえません。

＊ルソーの「野生人」の両義性

ルソーは、西洋哲学史の中で異端です。『人間不平等起源論』で、ホッブズやロックを批判して、自然状態の人間は争うことがないと主張します。ルソーは、「憐れみの情が自然の感情である」（p.107）として、「自己愛そのものの働きを緩める」と述べています。「身体」に息づく「自然の感情」を信頼していると言えます。ルソーは、「身体」を所有するほどまでに「精神」が発達するとき、「所有権と法の確立によって、不平等が安定した」（p.190）という立場です。

ただ、『人間不平等起源論』における「野生人」は、無時間的です。「身体」の時間軸という視点がありません。なぜなら、ルソーによると、「野生人」は「他人と交際することもなく、同胞を必要としないし、同胞に危害を加えようと望むこともない」（p.114）ということになっているからです。しかし、孔子なら、こうした「野生人」の存在を認めないでしょう。というのも、ルソーの「野生人」には、赤ちゃんだったことやこれから老いていくことが想定されていないからです。「同胞を必要としない」「野生人」というのは、「身体」の時間軸（先行者の存在）をまったく無視しています。赤ちゃんは、一人で生まれて来ることは不可能ですし、そのまま捨て置かれた赤ちゃんはすぐに死んでしまいます。しかし、孔子は、そういう弱き存在である「身体」に自らの思想を賭けています。孔子の核になる「孝」と「仁」という思想は、「身体」の時間軸から生まれて来るからです。

＊ヒュームの黙約

ヒュームも、主著『人性論』で、ホッブズやロックと同様に、「身体」を「最も大切なもの」としながらも「物財」（p.134）とみなしています。その限り、西洋哲学の伝統に属していると言えます。しかし、「私」に先行する「人間の黙約」を継承する点では、プラトンのイデア論とは正反対の方向です。ヒュームは、「言語」の例を取り上げて、人間の世界というものは先行者の「黙約」からが漸次に成立するという立場です。「言語が約定なしに、人間の黙約によって漸次に確立されるのと同様」（p.64）と述べています。「言語」は「私」を起点にした「約定」から成立するものではありません。「私」に先行する実践的な「黙約によって漸次に確立される」ものです。「私」に先行する「黙約」から出発する点において、ルソーの「契約」（ヒュームの「約定」）を起点にするのとは異なり、実践的であり、その意味で「身体」的であると言えるように思います。

＊ヘーゲルの相互承認

近代社会の頂点にあって、ヘーゲルは、『精神現象学』において、相互承認という「和解」を提示しています。そこにおいて「対立者がたがいに相手を承認するという絶対精神の世界が成立している」（p.453）と言います。どうやって「和解」に至るのかと言えば、それぞれの「悪の意識」が「相手のうちに実際におのれのすがたを見てとる」ことによって、それぞれの頑固さを「放棄」して相手を「ゆるす」ときに成立すると言います（p.453）。

ヘーゲルは、この「和解」を極点とみなしています。ヘーゲルは、この「和解」のうちに「神」を持ち出してくるからです。それほどまでに究極的な「和解」をヘーゲルはここにみているのでしょう。しかし、「二つの自我」の「和解」といっても、同一の精神の中で対立している「評価する意識」と「行動する意識」が「たがいを」を「ゆるす」ということなのです（p.453）。

ヘーゲルにとって、「身体（肉体）」は「もとから備わったもの」であると同時に「個人のうみだした自己表現」（p.210）です。ここには、先行者から受け取ってしまった愛や先行者への敬意という観点はありません。自己の存在を可能にしてくれた、自己を超え出る先行者という他者が存在していないのです。「意識」の自己省察なのです。そういう同一の精神のなかで「たがい」に悪を認めあっても「不安」はなくならないでしょう。

それに対して、「仁」はそういう「和解」ではありません。同一の精神の中での対立ではないですし、「たがい」の悪を認めるというかたちでの「和解」でもないからです。そもそも「仁」とは、「たがいに」そうするという「和解」ではないのです。「仁」は、相互性から説明されるものでは決してないということを強調したいと思います。そうではなくて、「仁」とは、一方的に自己を謙虚にして、ただ相手の安らかさのために贈与することだからです。「仁」は一方的な贈与であって、そこに相互性は全く存在しないのです。空間的な相互性を突き抜けるのです。「仁」とは、時間的にすでに先行者から受け取ってしまった愛を次の者へ渡すということだからです。そのためにこそ、自己を修養して、支配者にならないようにするのです。

「孝」とは、先行者への敬意であることを強調してきました。「仁」はここに息づくものです。ヘーゲルの相互承認論にしても、繰り返し取り上げてきた平等性にしても、先行者から受け取った愛が「仁」を駆動させるのだという肝心なことが抜け落ちていると思わざるをえません。「仁」は一方的な贈与であるということ。しかし、なぜそんなことがそもそもできるのか。それは、すでに先行者から愛をもらってしまっているからです。これが、「孝」という思想の核です。

＊相互性ではなく、相互性を立ち上げようとする瞬間

この始原の出来事は、「意識」からいつも簡単に抜け落ちてしまいます。「私」が起点になるということは、まさにこのことです。この始原の出来事は、「身体」の時間軸における出来事です。これを喩えて言えば、家の基礎のようなものです。家が建っているのは、過去においてすでに基礎が存在するからです。時間の先後に注目すれば、基礎が先です。その上に家が建っています。でも、過去の基礎は地面の中に埋もれているので、現在の地上からは見ることができません。「私」という家の基礎（過去）は確かに存在するのですが、過去の時間なので見えません。家が崩壊せずにあるということが、見えない基礎（過去）の存在を証

明しているのですが、現在を起点とする家（私）は、基礎なしに、自分であると勘違いしています。この見えない基礎（過去の時間）に遡ることが「孝」であると言えるでしょう。

相互性や平等性とは、現在において主張されるものだと言えます。ですから、それらは現在の地上に見える家のようなものです。先行者への敬意が、目に見えない地面の下にある家の基礎のことです。もしも、現在の平等性や相互性から出発しようとするなら、過去の家の基礎を素通りすることです。相互性や平等性から出発すれば、基礎がない家について語るようなものです。空中に浮かぶ家は、不可能な企てです。しかし、無理にでも企てるのが「私」という意識です。そのとき「私」は「不安」の只中にいるのです。しかし、言うまでもなく、相互性や平等性から出発すれば、「不安」から出発することなので、そこから「仁」を理解しようとすれば、「仁」は意味不明になるでしょう。

「不安」な人は、自分を見つめるのが恐ろしいのです。「不安」な自分に向き合うことですから。だからこそ、相手を責めるのです。謝るとすれば、お前から謝れ、お礼を言うとすれば、お前から礼を言え、責任を引き受けるとすれば、お前から責任を取れ、と。もしもそうしないなら、俺は謝らない、お礼も言わない、責任も取らない。なぜなら、お前が謝らないから、お前が感謝しないから、お前が無責任だから。平等性や相互性から出発しようとすると、必ずこのように言いだす人がいます。「不安」から出発するとき、つまり他者への敬意がないとき、言いたい放題になるのです。それが、争いの構図です。

＊責任は平等性を立ち上げようとする瞬間に発する

「仁」の極限のかたちは、次に述べるような「責任」です。「人々に過ちがあれば、責任は私一人にある」（堯曰第二十、一）。ここで「責任」とは、「私」にもあるけれども「人々」にもあるということではありません。「私一人」にあると宣言しています。平等性・相互性をはっきりと否定しているということです。ここで、「私」と「人々」は、まったくの非対称（不平等）です。「仁」＝「責任」は、「私」が一方的に担うものであるということ、逆に言えば、「私」が一方的に担うものであるとき、「仁」＝「責任」が明確になるということです。

責任というものは、過去において愛を贈与されたことがあり、それを未来に引き渡すときにのみ生じる、時間的な先行者とのつながりそのものです。現在の目に見える空間を超え出ているのです。ここに「仁」の力動性があります。

逆に言えば、もしも、私が他者から何も引き継ぐものがなく、私が起点であるなら、いかなる「責任」も私には生じないでしょう。私は何をしてもよいはずです。しかも、「不安」に駆動されていることを知らずに、そうするのです。「不安」な人ほど攻撃的になります。次々に争いが発生するでしょう。そこで平等性や相互性が主題にあがります。争いを調停するために。しかし、この道行きに「責任」が生じることはないでしょう。はじめから「責任」など、思い浮かぶことさえないはずです。というのも、「責任」は平等性からは発生しないものだからです。

＊ 平等性は責任を無化することがある

なるほど、平等性や相互性に基づいた責任ならば、あります。たとえば「あなたが責任を引き受けるなら、私も責任を引き受ける。あなたと私は平等だから、仕方ない」というわけです。しかし、この責任には抜け道があります。「あなたが責任を引き受けないなら、私も責任を引き受けない。平等だからね」と。しかし、これは責任ではなくて、無責任です。なぜなら、「私も責任を引き受けない」ときの理由を「あなたが責任を引き受けない」からであると、あなたのせいにしています。自分の無責任さを、あなたとの平等性を持ち出して正当化しています。さらに、このとき、「私が責任を引き受けない」と宣言しているからです。

ほんとうに無責任です。平等性を先行させると、底なしの無責任さを招くことになるでしょう。

しかし、すでに述べたように、他者の無責任さを批評する時間などないというのが、孔子の道でした。「人が自分を知ってくれないことを気にかけないで、人を知らないことを気にかけることだ」（学而第一、十六）と。「人を知らない」という自覚から、孔子の学びは駆動するのです。まして、知ったかぶりで他者を批評し、自分の無責任さの正当化することなど、孔子にとって恥ずべきことです。それは「私」が起点となって暴走しているということです。

＊ 自己責任論は支配者のイデオロギー

現代社会で「自己責任論」が蔓延しています。しかし、これは、いま述べてきた責任とは正反対です。誤解がないように、補足します。

「自己責任論」は「それはあなたの自己責任だ」という仕方で使われますが、この使われ方には注意が必要です。なぜなら、「それはあなたの自己責任だ」と言っている人は、自分の責任を逃げてあなたのせいにするために、そう言っているからです。しかし、あなたのせいにして自分の責任から逃げる人は、無責任な人です。ですから、自己責任論を主張する人は、言葉とは裏腹に、無責任なのです。責任感があるとは、人のせいにしないということなのに、自己責任論者ほど、人のせいにするのですから。

わかりにくいかもしれないので、例を一つあげます。働いても貧しいのは自己責任だと言う人は、無責任な人です。株主の配当のために、政策として非正規労働者を増やすのです。非正規労働者が「生活が苦しいから賃金をあげるべきだ」というのは正当な要求です。しかし、「あなたの生活が苦しいのは自己責任だ」と言えば、非正規労働者の声を堂々と無視できるでしょう。たとえば、そういうふうに自己責任という言葉が使われることがあります。

それに対して「仁」における「責任」とは、「生活が苦しいのは非正規労働者の自己責任だ」と言うときの「責任」とは異なります。使い捨ての非正規労働者を可能にしている社会に対して「大人の私は責任がある」という仕方で「責任」が語られます（ここでの非正規労働者とは、正社員を望みながら不本意にも非正規という意味です）。

＊　仁は相互の愛ではない

さて、「仁」は、平等性や相互性から説明することはできないということを述べてきました。「仁」は、対の空間を越え出ているのです。そこをしっかり見届けないと、「仁」の力は空虚になってしまいます。そのことをさらに続けます。

吉川幸次郎氏は、『論語の話』で、「そもそも論語の説きますところは、常に相互の愛であります。論語のしばしばトピックとする〈仁〉ということば、それは人間相互の間の愛情である（後略）」（p.67）と述べています。しかし、「仁」は決して「相互の愛」ではありません。親が子に対して愛を贈与するのは、子どもとの平等性に基づいてではないはずです。「お前が愛してくれるなら、私もお前を愛する」という親がいたら、それは親ではなくて幼い子どもと同じです。これほど、なさけない親はいません。親は一方的に子どもを愛するのです。

徳治主義（第二章第二節）についても、相互性を持ち出すと意味不明になります。貝塚茂樹氏は、『孔子』の中で、徳治主義は「まず個人の良心の上に立っている」とし、「政治は支配者と被支配者相互がそれぞれ道徳的自覚をもち、立派な人格であった場合に、もっとも完全に遂行される」と言います（p.141）。貝塚氏は整理して、「君主と臣下の相互理解」と繰り返し、「相互」ということを強調します。しかし、徳治の徳とは、「仁」のことです。「相互」ということに目が奪われると、徳治主義の根本が見失われてしまいます。

＊アリストテレスの友愛は相互性

もちろん、相互に愛し合うことは、すばらしいことです。親が子を愛し、子も親を愛する。すばらしいことです。アリストテレスの「友愛」のように、相互に相手に好意を抱き、相互に相手にとっての善を願うとすれば、非の打ちどころなくすばらしいです。アリストテレスの『ニコマコス倫理学』によれば、友愛さえあれば、驚くべきことに、正義は必要ではないとまで言い切っています。「事実、もしひとびとがお互いに親愛的でさえあれば何ら正義なるものを要しないのであるが、逆に、しかし、彼らが正しきひとびとであるとしても、そこにはやはり、なお愛というものを必要とする。まことに、『正』の最高のものは『愛という性質を持った』それにほかならないと考えられる」（下 p.66）と。

しかし、確認すれば、この「愛」は「お互いに」ということを不可欠の条件とします。そのような相互性は、すばらしいですし、それどころかアリストテレスによれば、「『正』の最高のもの」なのです。だからこそ、それを実現しようとするわけですが、しかし、その際、見落としてしまいやすいことがあります。そして、見落とすとき、致命的な誤謬に陥ります。そのことに、最大限の注意が必要です。

たとえば、こんにちはと挨拶をし合うという相互性を考えてみます。相互性が実現された時点で、相互性を考えると、肝心なことが抜け落ちてしまいます。それは何でしょうか。それは、どちらが先に挨拶の言葉をかけたのかということです。そんなことは、どうでもいいことではないかと言われるかもしれません。しかし、そこを見落とすからこそ、空間的な争いが絶え間なく起きるのです。

　こちらが挨拶をしたからと言って、相手から挨拶がかえってくるかどうかは、こちらが行動しようとする時点ではわからないのです。相手から返事が来ないかもしれません。そのときは嫌な思いをするはずです。でも、相互性を立ち上げるために、こちらは返事がないかもしれないリスクを一方的に背負って、挨拶をするのです。この最初の発語は、一方的な、非対称な行為なのです。この行為をする者が、本書の主題の先行者のことです。先行者とは、まさにこれなのです。返事が来た時点で、相互性が実現したわけですが、その実現のためには、実は一方的な贈与が存在したのです。相互性の蔭に隠れて見えなくなってしまいがちですが、これが相互性の起源です。この起源は、過去のことなので、現在において不在なのです。

＊ 先行者は不平等を引き受ける

たかが挨拶ぐらいの話という方々のために、アメリカの公民権運動の指導者だったキング牧師の話をします。キング牧師は人種差別という不平等を訴えたわけですが、キング牧師自身は暗殺されるかもしれないことを自覚しつつ平等性を訴えたわけです。暗殺されてもいいから平等性のために行動する人は、一方的に贈与する人です。キング牧師自身の行動は、平等性からは決して説明できないのです。なぜなら、キング牧師は、自ら暗殺されるかもしれないという不平等を引き受けたわけですから。実際39歳の若さで暗殺されたのです。

つまり、平等性や相互性を実現しようとする人たち自身の行動は、弾圧されることもあるわけですから、最悪の場合、命のリスクを背負うことです。お気楽に平等性を主張しているだけの人なら、そんなリスクなんか引き受けないでしょう。前に述べたように、「みんながするなら俺もするけど、みんながしないなら、俺だってしない」というわけです。

また、こんな例を考えてみましょう。たとえば、写真を見るとします。そして、その写真に写っている人たちが、みんな笑顔だとします。その写真を見ているとき、写真に写っている笑顔を見るでしょう。当たり前だ、何を見ろというのかと、怒られるかもしれません。しかし、肝心なものを見ていないのです。それは何でしょうか。その写真を撮った人です。写真があるとすれば、その写真を撮った人がいます。にもかかわらず、写真を撮った人は、その写真には写っていないのです。写真を平等性だとすると、その写真に写っていないのは、その写真を撮った人、つまり平等性の実現のために不平等を引き受けた人です。写真に写っていない人を、写真を見ている私が見ようとするとき、その人に対して私の中に生成してくるものを「敬意」とよんでいいはずです。

＊敬意と愛の関係

「仁」を相互性から説明するとき、「仁」の「仁」たる所以が、すっかり見えなくなることはいくら強調しても強調しすぎることはないのは、以上の理由からです。「仁者」は、相互性を立ち上げる人です。相互性が成立した時点でも、「仁者」は消えてなくなるわけではなく存在していますが、「仁者」が「仁者」である、その立ち上げの非対称の行為は蔭に隠れてしまっています。一方的に愛を贈与する先行者の存在ということ、そしてその先行者への敬意。それが見えなくなること以上に、見失うことはないはずです。アリストテレスの「友愛」において、一方的な愛の贈与は存在しません。「友愛」を成立させたのは、それ自身「友愛」ではないということ。それに先行する一方的な愛が存在したということ。この愛を孔子は見定めようとしたはずです。

アリストテレスはこの「友愛」さえあれば「正義」は不要であるとまで言い切ったにもかかわらず、「正義」を語らなければなりませんでした。なぜなのでしょうか。それは、相互性の愛の贈与がいかに困難なものかを、アリストテレスがすでに熟知していたからでしょう。困難な理由は、相互性を立ち上げるためには、どちらかが、一方的な贈与を差し出さなければならないからです。一方的な贈与は極めて困難なことです。だから、「正義」という「法」の順守をアリストテレスは欠かすことができなかったのです。

第一章では「敬意」を主題にし、第二章では「愛」を主題としました。ここで、その両者の関係をはっきりさせましょう。すなわち、こうです。愛を贈与した者が、先行者です。この先行者は、相互性や平等性に基づいて愛を贈与したのではないということが、決定的なことです。だから、この先行者への敬意が、贈与された者のうちに生まれるのです。この時間的なつながりを「身体」の肯定から学ぶことによって、孔子は西洋哲学にない先行者への「敬意」を、はっきりと提示したのです。そして、そこに基づいて社会を構築しようとしたのです。「孝」の核心がここに輝き出ます。

第三章

「身体」と「楽」

はじめに

＊身体を離れるとき、自分の位置を見失う

生身の「身体」を離れるとき、自由を得た気分になるかもしれません。「身体」は、たとえば、食べたり、服を着たりしなければなりませんが、もしもそういうことが面倒なことだとすれば、「身体」は荷物にほかならないからです。プラトンが「身体」は厄介な荷物だと述べているのは、一つにはそういう理由からです。「身体」のことなんか忘れて、言葉の世界のなかだけで空想したくなるかもしれません。

なるほど「身体」なしの言葉のうちで休らうことは、ときに必要なことでもあるでしょう。しかし、それは、危ういことでもあります。言葉に酔ってしまって、言葉が一人歩きを始めるとき、自分の位置を見失ってしまうことがあるからです。この自分を見失うということは、自分で気づかないうちに、特権的な位置に自分を置いてしまうということです。この特権的位置とは、「私」を起点とするということです。先行者なしに「身体」は息づくことができないのに、「身体」なしに「われ思う」ことができ、「言葉」を操ることができるという思い

上がりのことです。それは一見、都合がよさそうですが、「身体」から遊離した、そういう特権的位置は、実は「不安」と表裏一体の関係にあります。そして、その「不安」こそが、人を「支配」へと向かわせるのです。言葉の一人歩き、全能感（うぬぼれ）、不安、支配。これらは、同じことの異なる四つの側面であるように思います。

＊身体に寄り添うとき、仁が生まれる

それに対して、「身体」に寄り添うとき、自分の位置を知ることになります。赤ちゃんが否応なく教えてくれることですが、食べたり、服を着たりする「身体」というものは、他者なしにはそもそも生存が不可能だということです。たかが赤ちゃんと言ってはなりません。もしも、そう言うとすれば、自分で自分に唾を吐いているようなものです。なぜなら、赤ちゃんとは、「私の身体」が例外なくそこから息づく自分の始原の姿にほかならないからです。

そして、同時に、肝心なことですが、その「身体」というものは、イデアのように同一不変にとどまるものではありません。赤ちゃんのまま永遠に止まっていない、ということです。赤ちゃんとして出生した後は、そこに静止することなく成人し、老いていき、最後は死すべきものだということです。この「身体」の時間軸に寄り添うことによって「仁」が発現する

というのが、本書の通奏低音です。

「身体」とは、先行者から生まれ、かつその誕生において先行者からの支えや祝福がなければ死んでしまうものです。これがまずもって「身体」というものの根源です。人はこの根源を忘れてしまいがちですが、忘れてしまうと「私」は「不安」に陥り、それが「支配」へ向かわせるのです。そうならないためには、幾度もこの根源へと立ち帰る必要があります。

＊身体に何度でも立ち帰る

この根源への立ち帰りとは、先行者によって存在を与えられたという「私の身体」の根源的な受動性へ遡行するということです。この先行者とは、直近の親だけのことではありません。なぜなら、親もまた先行者によって存在を与えられた「身体」だからです。さらにまた、根源への立ち帰りは、一回すればもう完了ということではなく、「身体」の時間軸に沿って、成熟し老いて死に至るまで、そのつど意味を深めながらなら繰り返し実践されるべきことです。「孝」や「礼楽」は、そういう実践的な「学び」の真髄です。

「私の身体」の根源的な受動性へ遡行することができれば、そこからすべてが溢れて出てきます。しかし、この根源的な受動性に至ることが極めて困難なのです。人間は、意識（脳）

が肥大化しているために、この意識が根源的な受動性（身体）へ立ち帰ることを邪魔するからです。この邪魔をなくすためには「学び」が必要で、「孝」や「礼楽」というものは、この根源的な受動性へ立ち帰って、そこから生きる力を導き出すためにこそあります。受動性への立ち帰りのうちに主体性があることは、すでに述べた通りです。

＊学びが不安を鎮める

さて、この繰り返すたびに深まっていくであろう「学び」は、「私」の「不安」を鎮め、「私」を「支配」への道から遠ざけるでしょう。それはつまり、根源的な受動性へ遡行した「私の身体」が、今度はそこから立ち上がって来て、安らかさを他者にも贈与する「私の主体性」へと反転する時間軸を生きるということです。そして、そこに生命感情としての「仁」が息づいているのです。

逆に言うと、この「身体」による時間軸を無視するならば、「不安」が生じ、「支配」が跋扈することになるのではないかということです。たとえ「仁」を主題にしていても、「身体」に基づく時間軸と無関係に探究しようとするなら、西洋哲学の伝統と同じ失敗をしてしまうのではないかと思います。それは、生命感情の「仁」を殺すことになるからです。

「身体」に基づく時間軸に沿って「仁」をとらえたときにだけ、はじめて「不安」による「支配」とは別の世界を構想することができるはずです。

第一節　「知らない」ことへ「敬意」をはらう

「知っていることは知っていることとし、知らないことは知らないこととする。それが知るということだ」（為政第二、十七）

＊言葉の一人歩きと不安の悪循環

「身体」の時間軸に基づくか、「私」を起点とするか。この二つを対比してきました。「身体」なしでは生きていけないのに、なぜその「身体」を蔑視するのか、なぜ「私」を起点とする思想が力をもつのでしょうか。それは、「意識」が発する「言葉」と関係があるでしょう。その意味で、孔子は、言葉について、極めて慎重です。

言葉を操作する「私」が「身体」から離れているとき、「私」は逆に言葉に操作されてしまって、無意識のうちに「身体」を支配しているということ。「私」が言葉に操作されていることに気づかずに言葉に操作されてしまうことを、言葉の一人歩きと呼びたいと思います。「私」を起点とする思想が力をもつのは、言葉が「身体」から自立してしまい、言わば自動人形のようにどこまでも動くことができるからでしょう。そして、『論語』は、そういった「身体」ぬきの言葉の一人歩きへの戒めに満ちています。言葉が身体から離れてしまわないように、細心の注意が求められています。

言葉の一人歩きへの入口として、「知」について、孔子は決定的なことを述べています。「知る」とは、どういうことかについてです。「知っていることは知っていることとし、知らないことは知らないこととする。それが知るということだ」（為政第二、十七）。こんなことは当たり前だ、と思う人もいるかもしれません。しかし、単純ではありません。

＊「知る」の二重性

まず、「知る」ということが二重になっていることに注意する必要があります。「知っていること」とか「知らないこと」が問題ではないのです。そうではなくて、「知っていること」と「知らないこと」を区別でき、かつ、このことを「知っている」ということに重点があるからです。つまり、この後者の「知っている」は、前者の「知っている」「知らない」を、上空から見おろしていて、一段高いところにある「知」なのです。「知る」が二重になっているとは、このことです。

この二重性をはっきりさせるには、ソクラテスの「無知の知」を例にするとよいでしょう。「無知の知」とは、「知らない」（無知）ということを「知っている」ということです。「知らない」ということで終わってしまっては、だめなのです。その「知らない」ということそれ自体を、私は「知っている」ことがソクラテスにとって大事な「知」と言えます。「知らない」だけでは、ぼんやりしていて、私の自覚になっていないのです。そのためには、どうしても「知」ということが二重になる必要があるのです。

さらにもう一つ注意が必要なのは、孔子のいう「知らないこと」とは、単なる知識のことだけではないということです。たとえば「日本の人口」といったことだけが「知らない」の対象ではないのです。調べれば確かにわかるけど、でも今は「知らない」といった知識のことだけが問題ではないのです。

＊ 知らないということを知っている

では、どんなことでしょうか。有名な一節ですが、「いまだ生を知らない。どうして死を知っていよう」(先進第十一、十二)。ここで孔子は、「知らないこと」とは「生死」だと述べています。

そうすると、ここでは「生死を知らないということを知る」ことができれば、「知った」ことになるということです。すごいことを言っています。しかし、これに対しては、反論があるでしょう。つまり、では孔子の説く「仁」や「孝」はいったい何なんだ、と。「生死」も知らないのに、知ったかぶりじゃないか。君子が生きる道である「仁」とか、「喪」を含む「孝」について語っているではないか、おかしいぞ、と。

でも、「生死を知らないということを知っている」人が、「仁」や「孝」について語ることは、ありです。ありというより、そういう人だけが語る資格があると言えます。なぜなら、「生死を知らないということを知って」いながら語るとき、自分の発した言葉に操られてしまうことがないからです。「生死を知らないということを知っている」人は、「生死」を支配することなく、「敬意」をはらってそこから謙虚に学んだことだけを冷静に記述するはずだからです。

逆に言えば、「生死を知らない」にもかかわらず「知っている」と自惚れているなら、自分の発した言葉に簡単に操られてしまうでしょう。操られているにもかかわらず、そのことに気づかず操られてしまうはずです。自分の言葉に酔い、冷静さを失っているのです。そういう人は、危なっかしいです。言葉の一人歩きとは、このことをいいます。

＊ 知らないということを知らない

「生死」を知っているという人がいれば、そういう人は、孔子によると「知る」ということをわかっていない人です。そういう人は危険なのです。なぜなら、攻撃的で支配してくるからです。「知る」ことをわかっていない人は、争いをもたらすでしょう。つまり、こういうことです。オレ様は生死を知っている。お前たちは知らないのか。では、オレ様がお前たちに生死とはどういうものか教えてやる。何？　オレ様の言うことがわからない？　文句でもあるのか？　では、よくわからせてやろう。そう言って、暴力までふるってくることがあるわけです。児童虐待から、テロ、そして戦争まで、それらができてしまう人は、「生死を知らない」にもかかわらず、その「知らないということを知らない」ので、「知っている」と自惚れているのです。「知らないということを知らない」自覚が全くないのです。酔っぱらっているのです。これは、とても深刻なことです。相手が疑問や反論をしてきても、というより相手が疑問や反論を発すれば発するほど、この酔っている人は我を失って怒ってくるでしょう。もちろん、酔っているのですから、たとえ暴力をふるっても謝罪もできず、その暴力にも歯止めがありません。本当に恐ろしいことです。しかし、それができるのは、「生死を知らないということを知らない」からです。

＊ 生死を知らない

それに対して、「生死を知らないということを知っている」人は、そのことを言葉にして語ったとしても、言葉に操られることがない、とすでに述べました。生死を支配することがないから、自分の発した言葉に酔うことがない、とも述べました。このことは、言い換えると、「生死」に対して、「敬意をはらっている」ということです。

孔子は、「知」を説明して、次のように述べています。「鬼神には敬意をはらって遠ざける。これが知といえる」（雍也第六、二十二）。「鬼神」とは、死者の霊や神のことですが、「知る」ことができないものです。「知らないということを知っている」ことが「知る」の定義でしたが、ここで「知」とは「敬意をはらう」ことだと述べています。「鬼神」が対象なので「遠ざける」ことまで述べられていますが、その意味からすれば、逆に「知っている」ということは、距離を近づけて我が物とすることであると言えるでしょう。

たとえば、死者をどこで祀るかを考えてみましょう。もちろん、それを考えるのは、生きている者たちです。さて、ここで肝心なことは、死者の気持ちを「知る」ことはできないということです。死者たちがここで祀ってほしいと思っているかどうか、生きている私たちは「知る」ことができないということです。死者たちの思いを「知らないということを知る」ということが肝心なことです。

死者たちをここで祀ると強行する人たちは、死者たちの思いを「知っている」から、そうするわけです。しかし、「私」は「知っている」と自惚れるならば、死者を近づけ我が物とすることであり、死者たちを支配することになります。

それに対して、そんなことを言い出したら、何もできないではないかと、文句を言われるかもしれません。でも大丈夫です。死者たちに「敬意」をはらえばいいのですから。「敬意」をはらうのは、「知っている」からではなく「知らない」からです。死者たちの思いは、いつまでたっても「知る」ことはできません。ですから、いつまでも問いかけ続けるのです。死者たちと私たちのあいだの扉をいつまでも開いておくということです。「敬意」を失い、「知っている」と自惚れ、閉じたときに、「支配」が始まるのです。

＊　知らないからこそ敬意をはらう

以上をふまえて整理します。孔子の「知る」ということは、たんにあることを「知っている」ということではなくて、ソクラテスの「無知の知」のように重点は、「知らないということを知っている」点にあるでしょう。さらに加えて孔子の重点は、それに「敬意をはらう」ということです。その際、決定的なことは、いま述べたように「知らない」からこそ「敬意をはらう」ということです。「知らないということを知っている」からこそ「敬意をはらう」のです。一見すると「敬意」をはらうのは、それが何であるか「知っている」からであると思いがちですが、そうではないということです。「敬意」をはらうのは、それを「知っている」からではありません。「知らない」からこそ、「敬意」をはらうのです。ですから、「知らない」対象に向き合うあり方を「敬意」と呼んでもいいでしょう。そして、そこにこそ「知」がある、と孔子は言います。

「知らない」ということに照準を合わせることこそが、「敬意」を導く上で決定的なことです。「知っている」と自惚れると、他者との適度な距離を保つことができなくなります。他者を「知っている」と自惚れる人は、簡単に他者支配へと向かいます。他者を自分の思い通りにしようとします。「敬意をはらって遠ざける」の反対です。他者との距離をなくして我が物とすることが「知っている」ということであり、それが支配ということです。注意すべきですが、それは、たとえ善意であったとしても、支配です。というより、善意だと錯覚しているときほど厄介で、いっそう支配を暴走させてしまうでしょう。「敬意」を見失っているからです。そして、それが極めて危ういということを今まで述べてきました。

＊ 身体の肯定は遅れてきたことを肯定する

「身体」を肯定するということは、「遅れて」やって来たということであり、かつそれは不都合なことではないということを述べました。「遅れて」やって来たということは、先行者がいるということでしたが、この先行者こそが他者の原型であり、そこにおいて学ぶべきことが「敬意」です。そして、そういう他者との原初的な関係性のあり方を学ぶことが「孝」です。「孝」とは、他者に向き合う原型として、先行者への敬意に照準を合わせたものだということです。

この節で取り上げた「知」の水準から言い直せば、「知らない」ということを「私」が「知っている」とき、はじめて「敬意」をはらうことができるのだということです。そして、お気づきのように、ではなぜ「知らない」のかと言えば、「私」が「遅れて」やって来たからです。「私」が世界を創造したのではないし、「私」が「私」を生んだわけでもないからです。「身体」を肯定するとき、「私」は「遅れて」やって来たことを認めざるをえません。

＊ベルクソンによると思考は生を包摂できない

西洋哲学では、ベルクソンも例外的に同じことを言っています。『創造的進化』で、「われわれの思考は（中略）生によって創造されたのだから、生の一つの流出物ないし一つの側面にすぎない。にもかかわらず、どうしてわれわれの思考が生を包摂するというのか」（p.8）と述べています。「われわれの思考」が「生によって創造された」ということがベルクソンの出発点です。

興味深いことに、ベルクソンは「母性愛」について述べています。「その愛は、各世代がそれに続く世代を気遣っていることを示している。その愛が垣間見せてくれているのは、生物は何より通り道であり、生命の本質はそれを伝える運動にあるということである」（p.167）。「仁」の本質そのままに、ベルクソンは「生命の本質」を「母性愛を伝える運動にある」と主張しています。

ベルクソンは、なぜこのような主張に至ることができたのでしょう。『思考と動き』のなかで、今までの哲学が扱う世界に対して、「人間がいても、その人間は飲んだり食べたりしない」(p.9) と批判しています。ベルクソンによると、プラトンのイデアは「人間の知性に自然な」ものとしての「思い込み」(p.74) なのです。ベルクソンは、「身体」を蔑視しないがゆえに、「創造された」という観点を手放さないからだと思います。

＊ 学びはどのように始まるか

さて、「知らないということを知っている」ということに重点をおいて述べてきました。しかし、次のような疑問を持つ人がいるかもしれません。「知らない」ということに重点をおいてばかりいたら、やはりだめではないか。「知らない」だけで終わったら、科学も生きることも不可能ではないかと。もちろん、「知らない」と同じ水準での「知る」ことは大切なことです。何も知らなければ、何もできません。そんなことは、言うまでもありません。

そもそもここで主題にしている「知らない」は、「知らないということを知っている」のそれです。ですから、「知らない」で終わらないのです。そんな心配はご無用なのです。

なぜ「知らない」で終わらないのでしょうか。「知らないということを知っている」と、そこから「学び」が始まるからです。というより、そのときにだけ、ほんとうの「学び」が始まるのです。しかも、その「学び」は「敬意」を根底においているのです。これ以上の「学び」があるでしょうか。

＊自惚れていると学びが起動しない

逆に言えば、「知らないということを知らない」人は、「敬意」をはらうことができない人でした。もちろん、いつまでたっても「学び」が起動しない人です。「知っている」と思い込んでいる人は、「学ぶ」必要がないからです。というより、「学ぶ」ことができない人です。そして、その「知っている」こととは、ただの誰かの言葉のコピーにすぎないものとしての、手垢のついた情報です。それは、言わば刷り込まれたことを知らずに刷り込まれたものであって、自動販売機の音声のように、オウム返しのように繰り返され、垂れ流されるのです。言葉の一人歩きであり、自動人形とは、まさにこれです。

もちろん、「学ぶ」ことができない人は、いつまでも幼いままで不安をかかえ、争いを引き起こすでしょう。他者との関係で言えば、「知っている」と思い込んでいる人は、他者との距離を失っていて他者を我が物としているのでした。これを支配とよぶのでしたが、繰り返し述べてきたように、それは他者に「敬意」をはらうことができていないことと同義ですが、自動人形である以上、愚かなことにいつまでも続くのです。

それに対して、孔子の言う「知」のある人は、どんな対象にも「敬意」をはらうでしょう。「敬意」をはらう以上、自惚れることはできません。自分の言葉に酔うこともありません。だからこそ、学び続けるのです。それは「身体」が尽きるところまで、終わることがない、そういう「学び」です。

そして、「敬意」の極限は、次のような先行者への「敬意」に至ることです。すなわち、平等性を立ち上げ、自らは非対象的な不平等を引き受ける先行者、換言すれば、「敬意」の関係性を未来へ引き継がせる先行者、ひとことで言えば、一方的な愛の贈与者として実践する先行者、このような先行者への「敬意」に至ることです。

＊論語は学びの悦びに溢れている

『論語』第一篇の全十六章は、「学ぶ」ことの「悦び」で溢れています。その第一章は特に「小論語」と呼ばれ、『論語』の核心です。それは、次のように始まります。「学んでは、時に習う。いかにも悦びだ」（学而第一、一）。この「学び」が始まるのは、孔子が「知らないということを知っている」からです。

『論語』は、この「学び」の宣言から始まります。そして、それは、何度もそこに戻って来るように、「身体」を肯定しているからです。なぜなら、「知らないということを知っている」のは、「身体」として出生してきた以上、遅れてきたことこそが出発点になるからです。それを肯定的に受けとめるとき、そこに「学び」が起動します。そして、それを孔子は「悦び」だと宣言します。『論語』の全篇は、学ぶことの悦びに満ちています。「身体」として生きるということをこれほど力強く肯定している宣言が、ほかにあるでしょうか。

第二節　「言葉」を「身体」へ戻す

「巧言令色、少なし仁」（学而第一、三）

＊自分の言葉に酔う

前節で、「知らないということを知っている」ときに、「学び」が始まるということを述べました。しかも、「学び」は「悦び」であると。しかし、そうであるにもかかわらず、その出発点である「知らないということを知っている」に至るのは、とても困難なことなのです。

なぜでしょうか。

攻撃的で支配してくる人とは、自分の言葉に操られている人でした。換言すれば、自分の言葉に酔っぱらっている人でした。では、どうしてそうなってしまうのでしょうか。それは、「私」を起点としているために「不安」だからでしょう。「知らない」ことがあるということは「不安」なことです。だから、「知らない」にもかかわらず、「知っている」と思って安心したいのです。敬意をはらう余裕などありません。「不安」なのですから、一気に思い通りに支配してしまって安心したいのです。

「不安」を抱えている人にとって、「知らないということを知っている」と自覚することは、いっそうの「不安」を招くことです。「不安」な人ほど、そういう自覚から逃げ出したいはずです。「知らない」ことを無意識のうちに否定したいはずです。ですから、「不安」な人ほど、相手を威圧してまで、知ったかぶりをしたいのです。知っているという思い込みの中に安住して、自分を守りたいのです。「不安」だからです。

＊ 不安と言葉の一人歩きの悪循環

さらに困ったことに、そんなふうに知ったかぶりをしているうちに、自分でも知っていると本気で思ってしまうものです。無意識のうちに、そのように自己暗示できれば、しめたものです。とりあえず「不安」を抑圧できるのですから。これが、言葉の一人歩きの状態です。すでに述べた自動人形です。ベルクソンの『笑い』で述べられている言い方をすれば「操り人形の動作」(p.131) のようにふるまうようになってしまったわけです。ベルクソンは「不安」と結びつけてはいませんが、この「おかしみ」を「根本的な放心」(p.97) に基づくとしています。「放心」は自分自身に気づきたくない状態ですから、そこに「不安」を読み取ることができると思います。

今まで述べてきたように、この自動人形は「不安」から逃げているだけですので、「不安」がなくなったわけではありません。それどころか、この自動人形は、他者支配に向かい、争いを次々に引き起こすでしょう。そして、争いは「不安」をいっそう掻き立てることになりますから、ますます他者支配に向かうという悪循環がここにあります。

＊ 不安の起源を見きわめる

知ったかぶりで言葉を操ることに対して、孔子は繰り返し批判しています。最も有名なのは、「巧言令色、少なし仁」(学而第一、三) でしょう。ご承知のように、言葉を巧みに操って外見をよく見せることのうちには、「仁」が少ないということです。知ったかぶりに言葉を操ろうとするのは、「不安」から逃げるためでした。言葉を巧みに操って外見をよく見せたいのは、根本的には、「不安」な「私」を安心させたいからです。「不安」の塊のような人に、他者を安心させる余裕などあるわけがありません。それどころか、他者支配に向かうのが「不安」な人の性向です。「仁」は不可能です。

ですから、「不安」の起源を見きわめる必要があるのです。その起源を素通りして、知ったかぶりの言葉を操っても、というより、知ったかぶりの言葉を操るほど、起源から離れていくでしょう。知ったかぶりの言葉を操ること自体が、起源から離れていることの結果なのに、そのことに気づいていないのです。したがって、知ったかぶりの言葉を操るほど言葉に操られ、ますます「不安」を招くことになるでしょう。ますます「身体」から遠ざかるでしょう。そして、そのことがいっそうの言葉の一人歩きを固めていくことになります。

＊身体から離れると不安になる

では、「不安」の起源とは何か。それが繰り返し戻ってくる問いです。起源にあるその問いは、「身体」を肯定するか、蔑視するか、ということです。換言すれば、「私」を「身体」

の時間軸に内在させるか、「私」を「身体」の外に置き、「私」を起点とし「身体」の時間軸を無化し支配するか。そして、その「不安」とは、「身体」を蔑視し、「私」を起点にするときに陥るものでした。

知ったかぶりの言葉を操ることのうちに「仁」が少ないのは、「仁」とは「身体」からの学びである（「孝」を根本にしている）のに、あろうことか「身体」を支配しようとするからです。「私」を起点とすることと言葉の一人歩きは、「身体」の時間軸を無視し支配することにおいて、パラレルです。

問題は、言葉の一人歩きです。知ったかぶりの言葉です。それはつまり、「身体」から離れた言葉のことです。「身体」を肯定し、「身体」に寄り添って、「身体」から出来してきた言葉でないとき、そういう言葉は逆に「身体」を支配しているのです。本人は無意識の不安に操られて、そのことを知りませんが。

＊ 身体からの学び

「孝」は、第一章で述べたように、「身体」を通しての学びです。実践を通しての学びです。言葉だけの学びではありません。すでに述べたことですが「孝」とは、誰かに「孝」をさせることではありません。それがイデオロギーとしての「孝」であり、言葉の一人歩きの典型です。「私」が「私の身体」を通過させて実践することによってのみ、「身体」のつながりの中に「私」を内在させることができて、「私」ははじめて連綿とした「身体」のつながりの一項になることができるのです。「身体」の時間軸を、実践によって体験することが「孝」です。

そして、そういう「身体」からの学びを言葉にして結実したものこそが『論語』です。「述べて作らず」とは、まず「身体」の連綿たるつながりの世界があって、そこから学んだことを述べたにすぎないということでしたが、そのことを思い返します。

「身体」からの学びである「孝」を根本とする以上、『論語』には言葉の一人歩きへの注意が繰り返し述べられています。「昔の人が言葉を軽々しく口にしなかったのは、身体がそれに追いつけないことを恥じたからだ」（里仁第四、二十二）。「身体」が「追いつけない」ような「言葉」を軽々しく口にしないことの大切さが、わかりやすく述べられています。また、「君子は、自分の言葉が行いよりも以上になることを恥とする」（憲問第十四、二十九）。「行い」とは「身体」による行為のことですから、ここでも「言葉」が「身体」から離れてしまうことがないようにすることを述べています。

＊恥は身体からのシグナル

　どちらの文も、言葉が一人歩きすることへの注意を述べているわけですが、興味深いのは、そのことを「恥」と表現していることです。「恥」の感覚は、耳や顔が赤くなってしまって「身体」にすぐ現われます。「言葉」が「身体」から離れるとき、「身体」はそのことにすぐ気づくのだと、孔子は直感しているのではないでしょうか。「身体」が「言葉」の源であることを教えてくれているように思います。

「身体」を通して発して来る「言葉」であれば、「身体」は安心してその「言葉」の意味を受けとめることができます。それは、自分自身の「身体」にだけでなく、同時に他者の「身体」にも「言葉」が届いて、きちんと言葉の意味が伝わることにもなるはずです。それに対して、「身体」から離れた言葉であれば、「身体」はその「言葉」を受けとめることができないでしょう。違和感を覚えるはずです。そのような「身体」にとっての違和感が「恥」となって現れるのです。そのようなとき、「言葉」の意味は他者の「身体」に届くことはないはずです。もっとも、「身体」の「恥」という違和感は、もちろん伝わるでしょう。それが、言葉が届かないという「身体」からのメッセージだからです。「身体」からのメッセージは、言葉がなくても、他者の「身体」に伝わります。

＊ 名を正すこと

「身体」から遊離して、言葉が一人歩きする影響がどれほど甚大であるかを、孔子はこう述べています。「名を正すことだね。（中略）名が正しくなければ、言葉も順当でなく、言葉が順当でなければ仕事もできあがらず、仕事ができあがらなければ礼楽も盛んにならず、礼楽が盛んでなければ刑罰もぴったりいかず、刑罰がぴったりゆかなければ人民は不安で手足のおきどころもなくなる。だから君子は名をつけたらきっとそれを言葉にして言えるし、言葉にして言ったらきっとそれを実行できるようにする。君子は自分の言葉について決していいかげんにしないものだ」（子路第十三、三）。

「名」とは、現実の内容に見合った「言葉」のことです。ですから、「名」づけとは、「言葉」の原初的な働きと言っていいでしょう。そして、「名」と現実が一致していればいいのですが、一致していないとき、そこで言葉が壊れてしまうことになります。孔子によれば、なんとそこから仕事、礼楽、刑罰の順番で機能しなくなり、人々が不安になるというのです。それは、社会を崩壊へ向かわせるに十分でしょう（礼楽については、次節）。

この節の冒頭で、「不安」な人ほど、知ったかぶりして、言葉の一人歩きをさせると言いましたが、ここではそれを逆に辿っているわけです。言葉が現実の名づけと一致しないとき、つまり、言葉が最初から一人歩きしているとき、仕事をだめにし、刑罰もおかしくし、それは結局人々を「不安」にさせるということです。

＊ 言葉の崩壊が社会を崩壊させる

たかが言葉の問題にすぎないと切り捨てるわけにはいかないのです。たとえば、内実は戦争をする際の法律であるのに、名称だけは「平法法」とするとします。その「平和法」に反対すれば、罰せられるかもしれません。現実は「戦争法」だというのに。それはつまり、戦争に反対するという理由で罰せられてしまうわけです。「刑罰」が狂っている事態です。人々を不安にしないわけがありません。社会はその時点で崩壊しているのです。だからこそ、「名を正すことだね」と、孔子は言うわけです。社会の崩壊は、言葉の崩壊から始まることを、孔子はよく知っています。

しかし、そもそもなぜ「戦争法」を「平和法」と名づけるのか、なぜ現実と見合った言葉を名づけることができないのでしょうか。やはり「不安」に行き着くと思います。この場合は、権力者の「不安」が言葉の一人歩きを引き寄せるのです。権力者は、「不安」ではないはずだと、思われるかもしれません。しかし、カントの『永遠平和のために』によれば、権力者は、不断に「権力の増大」(pp.14,87)を求めてやみません。では、なぜ「権力の増大」を求めざるをえないのか。「不安」以外に理由があるでしょうか。そして、「不安」な者ほど、攻撃的になるのでした。「不安」な者による支配は、言葉の破壊から始まるでしょう。「戦争法」は、その端的な現れだと思います。

＊言葉を身体に戻す

「不安」な者の言葉は、「身体」から離れてしまっています。そして、その言葉が、ますます「不安」にさせます。言葉の一人歩きは、「身体」を無感覚にさせ、「不安」を抑圧している状態です。そのような状態を断ち切るためには、言葉を身体に戻してやるということがどうしても必要です。そのためには、身体に寄り添うところから、言葉を発するということです。そうすれば、そういう言葉は、身体を不安にさせるどころか、身体を安心させるでしょう。

「知らないということを知っている」という言葉は、「身体」に寄り添い、遅れて世界にやってきたことを肯定するとき発せられます。それは、他者に「敬意」をはらうことを教え、その「学び」において「身体」における生命感情である「仁」を生き生きと賦活するでしょう。そして、そのとき言葉自身も、自分の使命を果たして自分の源にもう一度帰ってくることができたことであり、「学び」は「悦び」になります。そのことを孔子が書き留めたのです。

第三節　「詩・礼・楽」が「身体」を賦活する

「詩に興り、礼に立ち、楽において成る」（泰伯第八、八）

＊学びは私を不安から遠ざける

前節で、「恥」を二度引用しましたが、「恥」とは「言葉」に実践が伴っていないことの自覚のことでした。実践とは、「身体」を通過させることです。そもそも「孝」とは、「身体」を肯定し、実践において連綿としたつながりの一項としての「私」を覚醒させるものです。なるほど、何も知らずに、このつながりの中に投げ込まれるのであって、それが「知らないことを知っている」ということになるのでした。しかし、キルケゴールやハイデガーのように「無」に投げ込まれることはありません。「身体」を蔑視しないために、「世代関係」はたんなる「量的な規定」にすぎないのではないからです。逆に、「孝」は、つながりの先行者への敬意を学ばせ、「不安」から「私」を遠ざけるのでした。「知らないことを知っている」にもかかわらず、というより、そうであるからこそ、「学ぶ」ことができ、そこから「不安」をなくすという道が、孔子の示した道です。

＊詩は先行者を讃える

この地点から、「詩・礼・楽」の学びが何であるかがわかります。「詩」とは、中国最古の詩集である『詩経』のことです。能楽師である安田登氏の『身体感覚で論語を読みなおす』によると、それは祭礼で歌われた古代の神謡がほとんどで、朗読するための詩ではなく、謡うための詩であると言います（p.118）。安田氏は、孔子の弟子たちは、能を舞うように『詩経』の詩で謡い舞っていたのではないかと想像しています。

そうであるなら、「詩に興り」というのは、言葉が始めにあって、言葉が一人歩きしていることだと考えるのは間違いでしょう。そうではなくて、「詩」は「身体」を舞わせ賦活するものであったということです。そのとき、神霊や祖霊と交響することもあったでしょう。逆に言えば、「身体」を舞わせ賦活させる言葉を書き留めたとき、それが「詩」になったとも言えるのではないでしょうか。

連綿と引き継がれてきた「身体」に限りなく遡行し続けるなら、先行者なるものは、神霊や祖霊にまで至ることがあるでしょう。「詩」を謡い「身体」が舞うとき、それが神霊や祖霊を呼び出すことになったとしても、不思議ではありません。先行者を讃えて、謡い踊るとき、先行者への敬意をいっそう深くするでしょう。それは同時に、「私」という起点を固守する自惚れを溶融し、連綿としたつながりの一項であることを覚醒させるに十分なはずです。したがって、それは、深い敬意をもたらすことはあっても、神霊や祖霊を支配することにはならないだろうと思います。

＊詩は身体を舞わせ賦活する

孔子は、『詩経』について次のように述べています。「詩は、興《おこ》し、観させ、共生させ、怨みごともうまくいわせるものだ。近くは、父に仕え、遠くは君に仕え、多くの鳥獣草木の名も覚えられる」（陽貨第十七、九）。「詩」が祭礼で歌われた古代の神謡であるとすれば、「興《おこ》す」とは、「身体」を賦活させるということでしょう。それはつまり、本書の主題から言えば、つながりの一項であることを覚醒させるという意味です。「観る」から最後の「鳥獣草木の名」までは、「身体」とそれを包む世界のありようを語っています。「鬼神には敬意をはらって遠ざける。これが知といえる」（雍也第六、二十二）という立場からすれば、「詩」においで語りうることは、神霊に関する知識ではなく、上述の「観る」、「共生」、「怨み」のうまい言い方、先行者への敬意、身体を包む「鳥獣草木」となるはずです。その際、「鳥獣草木の名」とは、その名づけによる世界への祝福であり、それは言葉の一人歩きとしてではなく、この「身体」を包む世界への敬意に満ちていて、「身体」を賦活するものであるはずです。神謡として舞わせる「詩」であるのですから。

＊礼は身体の時間軸に沿った儀礼

「詩」をそのようにとらえるなら、「礼」への道は、すでに明快です。「礼」とは、社会を維持するための規範にすぎないのではありません。「詩」がたんなる言葉ではないように、「礼」もたんなる規範ではないからです。言葉が一人歩きしてはならないように繰り返し注意してきました。それは、平等性や相互性が一人歩きしてはならないのと同じです。というより、一人歩きさせないためにこそ、「学び」としての「詩・礼・楽」があるのです。

「礼」とはたんなる規範ではなくて、まずもって「身体」の時間軸に沿った儀礼です。冠婚葬祭の儀礼を思い浮かべれば、わかりやすいと思います。この四つの中では、「孝」が根本ですから、「葬礼」が最初にくるでしょう。そこから、祖先への「祭礼」、それはさらに神霊や祖霊への「祭礼」へとつながるでしょう。そのように過去へ遡行した後は、今度は、それらを未来への引き継ぐべきものとしての、青年から成人への儀礼（冠）、そして婚礼へと向かうでしょう。それらの儀礼は、「身体」のつながりの感覚を賦活し、人を「不安」から遠ざけるはずです。そして、その結果として、コミュニケーションが流れ始め、調和をもたらすことになるでしょう。

＊ 礼は身体へ遡行させる

何が言いたいかと申しますと、「礼」の根本は、ここでも「身体」という根源へ向かわせるためにあるということです。たんなる社会秩序を維持するための規範ではなくて、「身体」という根源に立ち返らせることができる限りにおいて、「礼」が重んじられるのです。「身体」から離れるということは、孤立した「私の意識」を起点とすることです。「身体」は自分で自分を生んだわけではないので起点になることはできないのですが、それにもかかわらず無理にそうすると「不安」になるのです。その「不安」から逃れるために、「身体」

を離れた位置から知ったかぶりの攻撃的な「言葉」を操ることになるわけですが、そのとき言葉は一人歩きを余儀なくされます。「身体」から離れているとき、「言葉」を操っているつもりでも、実際は「言葉」に操られています。「不安」から発する「言葉」は、そうならざるをえません。そういう攻撃的な「言葉」は、自分の起源である「身体」を支配することになりますが、それは「身体」の時間軸を無化することであり、結果的に時間軸を切断することです。それが、さらなる「不安」をもたらすのですが、そのことを知らないためにますます悪化するわけです。一人歩きとは、そういうことです。そして、そうならないために、「身体」という根源に帰向するためにこそ、「詩」と「礼」があるということを何度でも確認したく思います。社会規範としての「礼」を一人歩きさせてはなりません。「身体」と無関係に、「詩」や「礼」があるわけではないからです。

＊礼が発生する源へ

安冨歩氏は、『生きるための論語』で「仁」や「礼」を「学習過程」からを説明しています。「仁」は「学習過程の作動を守り抜く覚悟」（p.184）であり、「仁の力により、人々の学習過程が作動するとき、真の秩序が達成される。そこでとり結ばれるコミュニケーションは、礼にかなっている」（p.103）。

安冨氏の解釈が刺激的なのは、「礼の本質」は「和」である（p.107）と述べている点です。「礼」を社会規範という視点からではなく、その規範の源としての「コミュニケーション」や「和」という地点から説明しているところです。それだけではなく、安冨氏はそこからさらに遡って、「和」としての「礼」は、「仁」という「学習過程」としての「知」に基づいて説明します。つまり、「礼」を社会規範（という結果）から説明せずに、そもそも社会規範として機能するのはなぜかという起源へ、さらに「礼」から「仁」そして「学習過程」へと、次々に遡って説明しています。

井波律子氏も、『論語入門』で「礼」はただの「型の方式」（p.65）ではないと述べていますが、しかし、「真情の表現形式」（p.64）と説明するだけで、その「真情」とは何かは説明されません。安冨氏のように、起源へ次々と遡行するというスタンスは、井波氏にはありません。

加地伸行氏は、『儒教とは何か』で、「死生の上に孝を置き、孝の上に礼を載せている」（p.78）という観点から儒教をとらえ、「礼」を「孝の生命論」から基礎づけています。そして、加地氏によれば、孔子は、「小人儒の野や猥」から区別して「典雅な芸術性や壮大な国政典礼用、大礼用」(p.79)へと広げることを目指していたといいます。しかし、本節の趣旨は、「礼」を儀礼として展開させるというより、その反対に、どんなときも「礼」を起源への学びとしてとらえたいということです。

本節でいま取り上げている「礼」への視点は、すでに述べてきたように、「身体」へ遡行させるという一点において意味があるのであって、そこから他のすべての派生的な事柄が発生してくるという解釈です。つまり、「身体」を肯定し、「身体」へ遡行することである「孝」は、先行者への敬意に至り、これを起源として、「仁」、そして「礼」が意味づけられるということです。

＊礼の本質は敬意

そこから言えば、「礼」の本質は、安富氏が言う「和」というより、「身体」の肯定に基づく先行者への「敬意」であると考えます。すでに引用しましたが、「礼を行いながら敬意がないというのでは、観るべきところがない」(八佾第三、二十六)と孔子が述べていました。「観るべきところがない」と強く否定する理由は、そこに「敬意」がないという一点にあると明言しています。なるほど、孔子自身が「礼のはたらきとしては和が貴いのである」と述べています。しかし、それに続けて、こう言います。「小事も大事も和によりながらうまくいかないこともある。和を知って和していても、礼でそこに折り目をつけるのでなければ、やはりうまくいかない」（学而第一、十二）。たとえ「礼」のはたらきとしての「和」があっても、うまくいかないことがあると言うのです。ですから、うまくいかない理由は「和」でないのです。そうだとすれば、「礼」の鍵になるのは、「敬意」以外に何かあるでしょうか。「敬意」と「和」の関係で言えば、「敬意」があってこそ、「和」が生まれるということです。もしも「礼」としての「和」がうまくいっているとすれば、その理由はそこにすでに「敬意」があるからということです。

こうしたことは、「仁の本」である「孝」において、「敬意」がなければ「孝」が成立しないのと、深く通底しているはずです。本書が他の研究者たちと違うところは、鍵は「敬意」であり、それを導き出すのが「身体」を肯定するがゆえの、時間的な先行者の存在という点です。

また、安冨氏によれば、「仁」を動かす「学習過程」は、孔子の「知」のとらえ方に基づいていて、「『知る／知らない』という状態よりも、世界への認識の枠組みを遷移させる」（前掲書 p.43）ものであると述べられています。本書の解釈も、「知らないことを知っている」ところに着目していますが、安冨氏と異なるのは、「身体」を肯定するがゆえに「遅れて」やってきたということ、そしてそうである以上、原理的に「知らないこと」はいつまでもなくならず、しかも「知らないこと」は否定的なことではなくて、だからこそ「敬意」をはらうのだということに、力点をおいているところです。

＊楽は身体の時間軸を十全に感得させる

さて、「詩」「礼」と来て、最後に「楽」が登場します。「楽において成る」とは、音楽を学んで完成するということです。しかし、なぜ音楽なのでしょう。その理由を明快にしている概説書は、なかなか見当たりません。

加地氏は、『沈黙の宗教』のなかで、「儀式的な礼は、実は音楽とともに演奏され、〈礼〉と〈楽〉とは対照的なバランスをとって深い関わりを持つ」(p.247) と述べ、「楽は同を為し、礼は異を為す」(礼記、楽記篇) を引用しています。この「礼」について、金谷治氏は、『中国思想を考える』で、『荀子』を根拠に、現代には合わないと前置きしながら、「階級分別のこと」(p.148) だとしています。しかし、「礼」の役割としての「分ける」(異) は、「礼」の本質である「敬意」のことだと理解すればいいのではないでしょうか。知ったかぶりの言葉で他者を同化（我が物）しないこと。これが、「礼は異を為す」ではないでしょうか。他者に対しては、どんなときも「敬意」を見失わないということです。それが「礼」です。

さて、「楽」ですが、「礼」の「異」（区別）に対して、「同」でした。金谷氏は、「楽の働きは和同」（p.147）としています。しかし、「和同」だけでは、「楽」の本質を取り逃がしてしまうでしょう。なぜなら、音楽の時間軸というものが全く抜け落ちているからです。この時間軸こそ、「楽」の核心であるはずです。それにもかかわらず、この時間軸に全くふれずに「和」だけでは、「楽」を理解できないのではないでしょうか。「異」と「同」を対比して、〈礼〉と〈楽〉とは対照的なバランス」としただけでは、「楽」をとらえきれないと考えます。

「詩」「礼」を学ぶのは、「身体」という根源へ帰向するためです。そうだとすれば、「楽」を最後に学ぶ理由は明らかです。「楽」こそは「身体」という根源を学ぶにあたって、それを十全に感得させてくれるものだからです。過去・現在・未来という「身体」の時間軸を、「楽」は全射程においてとらえています。「孝」とは先行者の敬意を学ぶことでした。それが、「仁」へと離陸するわけですが、それは、喪を経て、未来の世代へ安心を引き渡すところまで見通していなければなりません。こうした「身体」の時間軸を見据えて、はじめて「楽において成る」と言えるのではないでしょうか。

＊楽は聴くという主体を立ち上げる

孔子は、流浪していたときも琴を手放すことがなかったと伝えられていますし、音楽に魅了される孔子が、『論語』には何回も登場します。たとえば、孔子は、見事な音楽に感動して、三月《みつき》もの間、「肉のうまさも気づかれないほどだった」（述而第七、十三）とか、「先生は人と一緒に歌われて相手がうまければ、きっとそれを繰り返させ、自分も合唱された」（述而第七、三十一）と弟子が書き残しています。

まず、「楽」が「身体」を支配することとは真逆の方向性にあるということを確認しておきたいと思います。「楽」は音であって、それは目に見えないものです。目に見えない音がすでに発せられていて、それを「聴く」ということは、ひたすら「私」を謙虚にして、つまり、先行する音に「敬意」をはらって、受け身に徹することです。「私」を起点にする「支配」とは無縁です。

孔子が「敬意」をはらうのは、まずもって「孝」における先行者でした。しかし、「敬意」をはらう相手はそれだけではありません。『論語』において同じように繰り返し登場するのは「目の不自由な人」です。「先生は、喪服の人、礼服の人、そして目の不自由な人に会ったときには、どんなに若い相手であっても必ず席を立ち、そばを通り過ぎるときには必ず小走りになった」（子罕第九、十）。なぜ孔子は、「喪服の人」や「礼服の人」と同様に、「目の不自由な人」に対しても、殊更に「敬意」をはらったのでしょうか。

「目の不自由な人」は、見ることができないのですから、「聴く」ことを出発点にする人です。自分を起点（中心）にしてきょろきょろ目に見えることから出発するのではなくて、すでに自分に先行するもの、自分を包んでくれているものに耳を傾けます。今の自分を支えてくれているすべてのもの（先行者・外部性）に対して、まずは受け身に徹するということです。そうしないと「私」がどこにいるかもわからないですし、ここからどこに行くかもわからなくなります。「聴く」という受け身に徹すること、それはつまり、「私」を起点にせず、先行者への敬意から出発すること自体に照準を合わせていることに他なりません。「目の不自由な人」は、まさにそういう象徴的存在です。孔子が希求するあり方そのものです。

＊楽は知っているという支配性を崩す

「聴く」ということは、先行する音に受け身にならないと不可能です。受け身になることは簡単だ、受け身なのだから、と思われるかもしれません。しかし、受け身になることこそ極めて困難なことであり、努力しなければならないのです。「修養する」ということは、まさに受け身になることへの努力です。その努力こそが、まずは「孝」だったのですから。

宗教では、偶像崇拝が禁じられているものもあります。神を見えるものにしてはならないということです。なぜかと言えば、目に見えるものにすることは、支配することだからです。見ることができると、それを知っていると勘違いしてしまうからです。「知っている」とは我が物とし支配することでした。知っていること、見えていること、支配していることは、同義なのです。偶像崇拝の禁止は、そのことを教えてくれます。

「楽」は、そのような「知っている」こと、「見ている」の「私」の支配性（中心性）を崩し、ひたすら「知らない」「目に見えない」先行者の音に「敬意」をはらって「聴く」ことに集中させます。「聴く」という受け身（脱中心化）の主体を立ち上げることが「楽」の主眼にあるでしょう。「孝」の本質は、先行者への敬意でした。それは言い換えると、「知らない」がゆえに受け身になって、「私の身体」を支えてくれていた先行する世界に向かって開き、世界の来歴を「聴く」ということです。そして、それが、学びの出発点です。学びを駆動させる、次数の高い学びとは、「聴く」という受け身の主体を立ち上げることです。しかし、それさえできれば、「学び」は終わることなく続くのです。先行する世界は、私が創造したものではありません。すでに存在していたのですから、遅れてやって来た私がその世界に追いつくことはないのです。「学び」続けるしかないのです。支配すること、追いついて止まるということ、そういうことはないのです。

＊身体とは過去と未来をつなぐ共鳴体

「老人」は、その顔の皺のうちに過去の時間が堆積しています。過去の時間も、目に見えないものです。ですから、それは「聴く」ことによってのみ到来するものです。というより、「身体」そのものが、先行者に支えられてきた過去の時間の集積です。ですから、「身体」はなるほど目に見えますが、過去の時間の集積として、目に見えないものです。その意味で、「孝」とは、「身体」に「聴く」ことです。見るのではなくて、身体に集積している時間を「聴く」ことが、「孝」です。

そして、「孝」は「喪」を経ることによって、「仁」へと離陸するのでしたが、死者の「身体」も、もちろん見ることはできません。しかし、死に至るまで過ごした時間は「私の身体」に集積しています。「喪」はそのような時間の凝縮を反復させ、死者の時間を残響させせるでしょう。そして、そのように引き継がれた時間の響きは、私の身体を共鳴させせつつ、今度は私から次の他者に受けとってもらえる予感とともに、未来の時間へと引き渡されます。その響きが「安らかさ」の贈与であるように。

「喪」とは、聴こえていた音が消え去っていながら、でも今はないその音が私の身体において残響している時間でしょう。音楽を聴くとは、絶え間なく、この「喪」を体感することだと言えないでしょうか。しかし、同時にこの残響は、これから聴こえてくるであろう音への予感とつながることなしに、音楽になることは不可能です。「喪」という残響が、私の身体において、未来からの予感と交響することなしには、音楽が絶え間なく流れていくことはできないでしょう。未来の音は、まだ聴こえてきていないにもかかわらず、しかし私の身体において先取りされて響いてくるとき、残響と接続されて音楽になります。私の身体は、過去から未来への通路として音の共鳴体です。「孝」と「仁」が交わり、「孝」が「仁」へと移行するとき、「私の身体」は充溢して、心地よい響きのなかに息づいているはずです。またそれは、「学び」と「教え」の同時性をも想起させます。

聴こえてきた先行する音に敬意をはらって聴き、それが消え去っても共振するとき、「肉のおいしさにも気づかないほど」魅了され、今度はそれに合わせて「自分も合唱」したくなり、そして実際に合唱したとき、それはすでに未来への予感を先取りしてしまっているはずです。

＊プラトンは言葉で音楽を支配する

プラトンは、『国家』で、音楽について述べていますが、孔子とは正反対です。「歌というものは三つの要素、すなわち言葉（歌詞）と、調べ（音階）と、リズム（拍子と韻律）とから、成り立っている」とし、「調べとリズムは、言葉に従わなければならない」（上 p.232）という考え方に徹します。言葉によって、音楽を支配すべきであるということがプラトンの思想です。「あまり複雑なリズムや、あまり多様な脚韻を追い求めないで、秩序ある生活や、勇気ある人の生活を表すリズムはどのようなものであるかを見ることだ。そしてそれを見たならば、詩脚と曲調をそのような生活を表した言葉に従わせるべきであって、言葉のほうを詩脚と曲調に従わせるべきではない」（上 p.236）。「秩序」のための「言葉」によって、「調べ（音階）と、リズム（拍子と韻律）」を支配させるのです。これを音楽と呼べるのでしょうか。「変化抑揚にとぼしく」「ほとんど同じ調べをとり、単一の音調」「一様斉一なリズム」（上 p.228）になることでしょう。

プラトンは、「身体」を蔑視し、自分を「国家の建設者」の位置におきます。そして、「作家たちがそれに従って物語をつくるべき、そしてそれにはずれた創作は許してはならないような、そういう規範を知るのが役目」（上 p.177）だと自負しています。「建設者」「守護者」としてのプラトンが、「規範」によって「物語」や「創作」を支配し、それによって「調べとリズム」をも徹底的に支配するのです。

＊ 楽は終わらない

プラトンは、「イデア」をすでに知っていて、自分をすべての出発点におきます。そして、すべてを支配するのです。もちろん音楽をも強烈に支配するのです。それに対して、孔子は「述べて作らず」という、先行者への敬意を源におく思想です。目に見えない先行者の響きを聴くのです。プラトンのように自分を出発点におくということから、離れるのです。酔った言葉で「身体」を支配するのではなく、逆に、「身体」の時間軸から溢れ出てくるものを「聴く」とき、それが言葉になって着地するのです。

しかし、その際、誤解がないように付言すれば、「見る」ことを排除しなければならないということではありません。「見る」ことの支配性を相対化できたなら、「見る」ことは学ぶことに不可欠です。それは、言葉を排除しなければならないということではなかったのと同じです。問題は、言葉の一人歩き（言葉による支配）だったのですから。

さて、「楽」は、「聴く」という主体を立ち上げるためだと述べました。しかし、そういう主体が立ち上がると、「楽」は終わることなく続くことになります。「聴く」ことができる人は、誰から命じられることもなく、自分から合唱を始めるからです。「私」の「身体」は、その「楽」において賦活され、「楽」において流れゆく一つの音に化身して、悦びのうちに寿命を全うするでしょう。

「楽において完成する」ということは、完成したら終わりという意味ではありません。「楽」そのものは、未来への予感に満たされて、終わることなく、いつまでも響き続けるのです。

結語

「仁者は憂えず」

（子罕第九、三十、憲問第十四、三十）

＊論語は身体を肯定する

『論語』は、生きることの肯定に満ち溢れています。なぜなら、「身体」の出生から死（喪）に至るすべてを肯定するからです。『論語』の核心である「仁」は、そういう「身体」の肯定に基づく思想です。「身体」をまるごと受けいれるのです。子どもも、老人も、病人も、けが人も、障害者も、LGBTの人も、「身体」であるということは、すべて「私」の変容体です。それをすべて受けいれるのです。成熟しないはずがありません。

逆に言えば、そういう「私の身体」を厄介払いするなら、どうなるのでしょうか。「私とは身体である」のに、「私」が「私」を侮蔑するのです。そういう「私」は、どう生きていけばよいのでしょうか。他者に「敬意」をはらうことができるのでしょうか。他者に対しても、自分に対しても、攻撃的にならずに生きていけるでしょうか。

＊西洋哲学の伝統は身体を否定する

西洋哲学の伝統は、『論語』とは正反対に、「身体」蔑視でした。西洋哲学の伝統の始まりに位置するプラトンは、「身体《ソーマ》」を蔑視しています。そのすさまじさは本当に不気味なほどです。プラトンの『パイドン』によれば、「身体」は「牢獄」なのでした。「牢獄を通してのように身体を通して」（p.84）というのがプラトンです。

西洋近代哲学の父デカルトは、「身体」を「物体」であるとみなします。デカルトによれば、「身体」も「物体」も、どちらも corpus《コルプス》（物体）なのです。もしも「身体」を「物体」とみなすならば、底なしの「不安」になるだろうことは容易に想像できます。デカルトは、『省察』において述べています。「あたかも渦巻く深みにいきなり引きこまれたかのように、私は気が動転し、底に足をつけることも、水面に浮びあがることもできないありさまである」（p.43）。「身体」を「物体」とみなし、孤立した「私」という意識が、すべてのものを疑うことに徹するなら、狂気の一歩手前にいるのではないかと、思わずにいられません。デカルトの有名な「cogito《コギト》（われ思う）」とは、自分の意識以外のすべてを疑うことです。「身体」に支えられることのない「意識」が、自分で自分を支えようとしています。「不安」の極限にいると言わざるをえません。

＊身体なしは不安と神を招く

さらに、西洋哲学史に通暁した現代哲学の巨匠であるハイデガーも、この伝統にしたがって「身体」を取り上げることはありません。そして、人間の根源的なあり方を「不安」であると定義したのでした。「身体」に照準を合わせないのですから「不安」になるのも当然のことだと思われます。この「不安」は、キルケゴールが取り上げたものでしたが、西洋哲学の伝統は、キルケゴールが洞察した「不安の概念」によって見事に説明できるのではないか、そういう観点から、『論語』と対比してきました。

キルケゴールは、「不安」からの脱出を、デカルトと同じ解決策で達成しようとします。「神」による解決です。でも、孔子は、「身体」を肯定し、「神」による解決の手前で、別の道を歩むのです。

＊ 人倫の道

「身体」の全重量を受けとろうとすることは、自分の身体の全重量を受けとってくれた先行者に遡行することです。「喪」は、それを現在の自分の身体のうちに凝縮して反復します。もちろん、こうしたことは子どもには不可能なことです。子どもは受けとろうとする存在ではなくて、一方的に受けとってもらわなければならない存在だからです。「身体」の全重量を受けとることができるようになるためには、子どもから大人へ成熟していく「身体」の時間軸をどうしても通過しなければなりません。そうしないと、受けとる主体にはなることはできません。しかし、大人になるにつれ、自分の身体の来歴を現在においてとらえることができるようになります。「身体」の時間軸に、否応なく向き合わざるをえなくなるからです。少なくとも、老いるということはそういうことでしょう。そこへ導かれたとき、人は先行者への敬意を学び、自分が過去と未来をつなぐ一項として息づいていることを覚醒させられます。

和辻哲郎は、『孔子』において、総括として次のように述べています。孔子の言行には「いっこう革新家としての面影が見えない」（p.132）と。「死や魂や神の問題」を重要視せず、「人倫の道に絶対的な意義を認めたことが孔子の教説の最も著しい特徴であろう」（p.131）とみなしています。

『風土』という、言わば「身体」に根ざした名著のある和辻にとって、『孔子』の思想が「革新家」のそれにはならないというのは、腑に落ちます。なるほど和辻は、直接的に「身体」の時間軸から『論語』を読み解いているわけではありません。しかし、「身体」の肯定から出発すれば、常識的な「人倫の道」に至ることは、驚くに値しないはずです。

本書も、『論語』を「革新家」の思想として提示したものではありません。

他者を見下すことなく、「敬意」をもって応接し、「支配」とは全く別の道を、未来に向かって歩くということ。そこに孔子の「身体」に基づく思想が息づいています。この思想は、「楽」が終わることがないように、どこまでも「身体」から「身体」へ響きわたるはずです。

【論語】

＊以下の四冊を参考にさせて頂きましたが、主に金谷治訳です。

『論語』金谷治訳注、岩波文庫、一九九九年
『論語』貝塚茂樹訳注、中公文庫、一九七三年
『論語』加地伸行訳注、講談社学術文庫、二〇〇九年
『論語新釈』宇野哲人著、講談社学術文庫、一九八〇年
『現代語訳　論語』宮崎市定、岩波現代文庫、二〇〇〇年

【引用文献】

＊『論語』の研究書ではなく、概説書を引用しています。
　概説書は核心をはずすわけにはいかないので、読み手にとても親切です。

和辻哲郎『孔子』ワイド版岩波文庫、一九九四年
貝塚茂樹『孔子』岩波新書、一九五一年
貝塚茂樹『論語』講談社現代新書、一九六四年
金谷治『中国思想を考える』中公新書、一九九三年

金谷治『孔子』講談社学術文庫、一九九〇年
加地伸行『儒教とは何か』中公新書、一九九〇年
加地伸行『沈黙の宗教』ちくま学芸文庫、二〇一一年
吉川幸次郎『論語』朝日新聞社、一九九六年
吉川幸次郎『「論語」の話』ちくま学芸文庫、二〇〇八年
安田登『身体感覚で論語を読みなおす』春秋社、二〇〇九年
子安宣邦『思想史家が読む論語』岩波書店、二〇一〇年
安冨歩『生きるための論語』ちくま新書、二〇一二年
井波律子『論語入門』岩波新書、二〇一二年
湯浅邦弘『論語』中公新書、二〇一二年
小倉紀蔵『新しい論語』ちくま新書、二〇一三年

＊西洋哲学からは、研究書ではなく、古典のみ引用しています。
プラトン『ソクラテスの弁明』久保勉訳、岩波文庫、二〇〇七年
プラトン『パイドン』岩田靖夫訳、岩波文庫、一九九八年

プラトン『饗宴』久保勉訳、岩波文庫、二〇〇八年
プラトン『国家』藤沢令夫訳、岩波文庫、二〇〇八年
アリストテレス『ニコマコス倫理学』高田三郎訳、岩波文庫、一九七一年
デカルト『省察』山田弘明訳、ちくま学芸文庫、二〇〇六年
ホッブズ『リヴァイアサン』水田洋訳、岩波文庫、一九九二年
ロック『統治二論』加藤節訳、岩波文庫、二〇一〇年
ルソー『人間不平等起源論』中山元訳、光文社古典新訳文庫、二〇〇八年
ヒューム『人性論』大槻春彦訳、岩波文庫、一九五一年
カント『実践理性批判』波多野精一、宮本和吉、篠田英雄訳、岩波文庫、一九七九年
カント『永遠平和のために』宇都宮芳明訳、岩波文庫、一九八五年
ヘーゲル『精神現象学』長谷川宏訳、作品社、一九九八年
キルケゴール『不安の概念』斎藤信治訳、岩波文庫、一九七九年
キルケゴール『死にいたる病』桝田啓三郎訳、ちくま学芸文庫、一九九六年
ベルクソン『創造的進化』合田正人、松井久訳、ちくま学芸文庫、二〇一〇年
ベルクソン『思考と動き』原章二訳、平凡社ライブラリー、二〇一三年

ベルクソン『笑い』林達夫訳、岩波文庫、一九七六年
ニーチェ『ツァラトゥストラ』吉沢伝三郎訳、ちくま学芸文庫、一九九三年
ニーチェ『生成の無垢』原佑、吉沢伝三郎訳、ちくま学芸文庫、一九九三年
ニーチェ『悦ばしき知識』信太正三訳、ちくま学芸文庫、一九九三年
フロイト『喪とメランコリー』フロイト全集14、伊藤正博訳、岩波書店、二〇一〇年
ハイデガー『存在と時間』細谷貞雄訳、ちくま学芸文庫、一九九四年
レヴィナス『全体性と無限』熊野純彦訳、岩波文庫、二〇〇六年

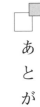

あとがき

＊ 運動会での身体

運動会で一番盛り上がる競技種目は、何だと思いますか。徒競走？　パン食い競争？　騎馬戦？　玉入れ？　綱引き？　さてどれでしょうか。運動会に何度か出かけた友人のお話によると、リレーだそうです。本書を読んで下さったなら、納得されるのではないでしょうか。なぜなら、身体が一番喜ぶのは、つながりの一項になることだからです。その一項として息づくことにおいて身体は生き生きするからです。たとえば、徒競走のように、それぞれが、いっせいにスタートラインについて、用意ドンで競うような種目は、自分を起点とする意識にとってはうれしいでしょう。しかし、身体は、そんなことには関心がないのです。そうではなくて、身体はバトンを引き継ぐことが楽しいのです。そして、リレーとは、先行者へ敬意をはらいつつバトンを受け取り、次の走者へ未来を託すことです。それを果たすことができさえすれば、身体はうれしいのです。別に、私が先頭を走っていなくても、私がゴールのテープをきらなくても。

＊身体の時間軸と原発

この身体の時間軸から、現代の大きな問題の一つである原発を取り上げたいと思います。まえがきで述べた孔子の志をもう一度振り返ってみましょう。「老人には、安心されるように、友には、信じてもらえるように、年少者には、慕われるように」（公冶長第五、二十六）。原発事故で、故郷に帰ることができなくなったお年寄りのことを思い浮かべます。家族の引き留めにも耳を貸さず、避難先から故郷の自宅に帰宅して、そこでたった一人で自殺を決行した老人を。「老人には安心」してもらいたいのに、孤独な絶望的な自殺をさせたのです。人生の最期にこれほど過酷なことがあるでしょうか。

原発稼働のためには、安全神話や必要性のプロパガンダがどうしても必要です。うそを幾重にも振りまいて、再稼働するのです。大都市の人たちが地方の人たちを犠牲にし、末端の原発労働者は常に被曝しながら働いているのです。同時代を共に生きる「友に信じてもらえるように」なるどころか、詐欺行為です。

原発の放射性廃棄物は、無害になるまで十万年もかかるものもあります。日本の最終処分地は今も決まっていません。「年少者に慕われるように」なりたいのに、その危険な廃棄物を子どもたちに押しつけるのです。未来の子どもたちへこれほど途方もない裏切りがあるでしょうか。

身体の時間軸に寄り添って生きることが『論語』の核心です。リレーのバトンを渡すように生きることへの破壊が、このように原発再稼働にはあります。もしも母親たちが原発に反対するとしたら、それはただただ身体の声に寄り添っただけです。

＊　敬意と支配

本書のキーワードは、身体、時間的な先行者、敬意、愛、その補助線として、不安、支配です。「身体」をめぐって、「敬意」と「支配」を対比してきました。そして、「仁」というものは、「敬意」を基本とするということを述べてきました。「あなたへの敬意」を主題にした哲学書こそ、『論語』ではないかと。

「あなたへの敬意」があれば、あなたの声に耳を傾けることができます。反対に、「敬意」

と真逆にあなたを『見下す』なら、あなたの声に耳を傾けることなどできません。あなたの声を無視したり、それどころか、つべこべ言わずにオレ様の言うことを黙って聞いていればいいのだと、「支配」に向かうでしょう。

さて、これまで述べてきたように「支配」へ向かうのは「不安」だからでした。「不安」な自分を守るためです。逆に、「安らか」な人は、「敬意」に向かいます。自分を守るために「支配」など必要ないからです。さらに、「安らか」な人は、そうであるがゆえに、他者に「敬意」をはらうことができます。そのことが、他者を「不安」から救うことになります。「敬意」をもって耳を傾けてもらった側の人は、「不安」から脱出できるからです。「敬意」をはらってもらったことのない人、耳を傾けてもらったことのない人が「不安」になるのです。

そして、鍵になる「安らか」と「不安」の分岐点は、「身体」を肯定するか、蔑視するかということに基づくのでした。それはつまり、先行者の存在を起点とするか、「私」を起点とするか、ということです。この先行者が他者の原型のことです。

「私」は「身体」として遅れてやってきたがゆえに、この世界のことを知りません。「知らないということを知る」ところ（敬意）から、「学び」が始まります。この「学び」はいつまでたっても終わることはありません。遅れてきた以上、起源を「知る」ことはできないからです。もしも、知ったかぶりで、起源を言葉で支配しようとすれば、逆に言葉に操られていることを知らずに操られ、音楽は枯れてゆくでしょう。でも、「私」は、聞こえてきた美しい音楽に耳をすませ（敬意をはらい）、終わることのない音楽の一音として、次につなげることができれば、「安らか」に「私」は尽きてゆくことができます。

今回ほとんどカントを取り上げませんでしたけれども、次回はカント哲学を先行者への敬意という観点から読み解いてみたいと思っています。カントにとっての先行者とは、「美」と「道徳法則」です。換言すれば、「自然」という先行者、そして「生命」という先行者です。カントの理性とは、支配的なものではなくて、逆に、敬意をもって先行者を明らかにする能力のことです。「先行者としての他者」をさらに遡行するなら、「自然」や「生命」になるはずです。そもそも「身体」とは、「自然」の一部であり、「生命」なのですから。

時代の変貌がすさまじくて、時事問題に注意を奪われっぱなしのこの数年間です。そんな中、どうにか本書ができました。今回も北樹出版の福田千晶さんに多くの行き届いたご助言をいただきました。篤くお礼申し上げます。あとがきの冒頭で運動会のリレーのことを教えて下さったのは、同僚の舘下徹志先生です。釧路にいるお蔭で舘下先生からいつも心に残るお話を伺うことができます。深々と感謝申し上げます。

論語の研究者ではないにもかかわらず、かつ西洋哲学史に通暁していないにもかかわらず、無鉄砲にも論語と西洋哲学とを対比するという大風呂敷を広げてしまいました。読者諸賢のご批判を仰ぐことができれば有難く存じます。

二〇一六年　晩夏

母の傍らにて

[著者略歴]

藤本一司（ふじもと　かずし）
1958年生まれ。
北海道教育大学札幌校卒業。札幌で中学教諭。退職後、北海道大学大学院文学研究科（哲学専攻）博士課程単位取得満期退学。現在、釧路工業高等専門学校准教授。専門は、カント。

著書：『愉しく生きる技法—未知性・他者・贈与—』(2006)
『倫理学への助走—「わかる」と「わからない」のあいだ—』(2008)
『介護の倫理—贈与・身体・時間—』(2009)
『カントの義務思想』(2010)
『生きるための哲学—笑顔のコミュニケーションへ—』(2011)
『老いから学ぶ哲学—身体の復権—』(2012)
『素晴らしきドイツ語の世界—「あなたへの敬意」から生まれた言語—〔改訂版〕』(2016)
(以上、すべて北樹出版)

「論語」と「西洋哲学」—「敬意」と「支配」の身体論—

2017年1月15日　初版第1刷発行

著　者　藤　本　一　司

発行者　木　村　哲　也

・定価はカバーに表示　　印刷　恵友社／製本　川島製本

発行所　株式会社 北　樹　出　版
http://www.hokuju.jp
〒153-0061　東京都目黒区中目黒1－2－6　電話（03）3715-1525（代表）

ISBN978-4-7793-0520-7